データ分析人材になる。

目指すは「ビジネストランスレーター」

三井住友海上火災保険
デジタル戦略部
木田浩理
伊藤豪
高階勇人
山田紘史

日経BP

目次

はじめに

無理に「データサイエンティスト」を目指さなくてよい

誰もがデータ分析人材になる可能性

30歳・文系・営業マン。これは、私（木田）の10年前の肩書です。当時、私は「統計ソフトウエア」の営業マンでした。扱っている商品がたまたま「統計ソフトウエア」だったというだけで、統計の専門家ではありません。「ビッグデータ」という言葉が一般的ではない頃でしたが、ふとしたきっかけで「データ分析」に興味を持つようになり、そこから独学で統計手法やデータ分析手法を学びました。現在は、三井住友海上火災保険という損害保険会社にてデータサイエンティストとして働いています。

私自身はたまたま「データ分析」の世界に足を踏み込んだにすぎませんが、データを取り巻く社会環境の変化はとても大きく、10年前には考えられないくらい、今は「データは重要である」と見なされています。特に「ＡＩ」「機械学習」「ディープラーニング」といったキーワードは日常のビジネス会話でも登場し、多くの書籍や雑誌では「ビジネスを変える魔法のつえ」のように扱われています。

多くのビジネスパーソンが（高度なデータ分析に必要となる）プログラミングを習得したり、（データ分析の基礎となる）数学を学び直したりしていると聞きます。新卒の就職活動では高度なＡＩスキルを持った理系学生は大人気で、転職市場ではデータ分析スキルを身に付けた人材は高額の報酬でオファーを受けています。空前の理系人材売り手市場になっているので、名の知れた大企業でも高度なスキルを持つ「レアモンスター」を採用するのは難しいのが実情です。

そうした状況であっても、経営層はおかまいなしに「データサイエンティストを採用しろ！」「データ分析チームをつくれ！」と指示を出すことでしょう。ひょっとしたら、この本を手に取ってくださったあなたは、そんな指示を受けた1人なのかもしれません。

データ分析で重要なのは「ビジネス力」

本書をお読みの皆さんが、ある日突然、データ分析チームを率いたり、データ分析チームのメンバーになったりすることがあるかもしれません。決して可能性の低い話ではないと思います。

そのような状況になったとき、もし文系出身であったとしても、決して諦めないでください。それは、私自身の経験から言えることです。もし、皆さんが泥臭いビジネスの現場で培ってきた経験があるなら、それはデータ分析において無駄な経験ではありません。むしろその経験こそが、ビジネスで使えるデータ分析で大いに役立つのです。本書は、「ある日突然、データ分析チームを率いたり、データ分析チームのメンバーになったりした」ときに進むべき方向を記したガイドブックです。

ＡＩやデータ分析は、一般的には「理系向き」と捉えられています。実際のところ、数学がある程度得意だと、より高度な分析ができるのはおおむね間違いではありません。しかし、「分析が高度であること」と、「ビジネスで役立つこと」は比例するものではありません。私自身、文系のデータサイエンティストとして日々働く中で強く感じるのは、「データ分析者にはビジネス力が必要だ」ということです。

ここで興味深い調査結果を紹介します。「一般社団法人データサイエンティスト協会」（所在地：東京都港区、代表理事：草野隆史、以下 データサイエンティスト協会）は、２０２０

年4月に国内企業におけるデータサイエンティストの採用に関する調査結果を発表しました。

●調査結果の要点

(1)データサイエンティストが在籍している企業は29%

(2)データサイエンティスト採用予定企業の58%が目標としていた人数を確保できていない

(3)データサイエンティスト増員予定企業の41%は、ビジネス課題解決を得意とする人材を求めている

(4)今後増やしたいデータサイエンティストのタイプは、マーケタータイプ40%、エンジニアタイプ36%、アナリストタイプ24%

調査結果の(3)(4)から言えることは、データサイエンティストに対して、企業はビジネス的な能力を求めているということです。その能力とは、「データ分析から導き出されたインサイト(新たな発見)を、企業の売上や利益につなげる力」です。それを実現するには「ロジカルシンキング」「問題解決能力」「マーケティング戦略」「経営戦略」、さらには「コミュニケーション力」「プレゼンテーション力」といったスキルが必要になります。

企業の人事部からしてみれば、「ただでさえ理系人材の採用が難しいのに、データ分析力とビジネス力の両方を備えた人材なんて採用できるはずがない」という声が上がりそうです。確かに、データ分析の能力とビジネス的な能力の両方を備えた人材はそういません。

ここで注目したいのは、この数年間、積極的にデータ分析人材を採用した企業ほど、採用のミスマッチが生じていることです。「データサイエンティストを採用したがどう使ってよいか分からず持て余してしまっている」という声や、「採用したデータサイエンティストがすぐに辞めてしまった」という声も耳にします。つまり、プログラミングができる、統計学に詳しい、数学の専門家だという理由で採用しても、うまくいかなかったというわけです。

「ビジネスに役立つデータ分析人材」になればいい

もはや、理系だから採用する時代は終わりました。企業は、自社のビジネスの目的にフィットした「データ分析人材」を欲しています。その有力候補は、現有社員です。文系・理系はあまり関係なく、営業やマーケティングを経験し、お客様が自社の製品やサービスに何を求めているのかを考えた経験のある人は、必要な力を身に付けています。あとはほんの少し、データ分析力を身に付ければよいのです。

とは言うものの「データ分析力がそんな簡単に身に付くはずがないだろう」と思うのも無理はありません。ですが、以前ならプログラミングが必要であったデータ分析がGUI（Graphical User Interface）で利用可能になるなど、データ分析ツールは急激に進化しています。まさに、「データ分析の民主化」が猛烈な勢いで進んでいるのです。今は、文系・理系の垣根を越えて、誰もがデータ人材になれる時代です。企業が求めているのは「高度なデータ分析ができるデータサイエンティスト」ではありません。はっきり言えば、データサイエンティストを目指す必要はなく、「ビジネスに役立つデータ分析人材」になればいいのです。今まさに破竹の勢いで成長しているワークマンはその好例です。企業全体としてデータ分析人材の育成を後押しし、ビジネスマインドを持った現場出身のデータ分析者が大活躍しています。

データ分析に挑む人が直面する課題の乗り越え方

皆さんがある日突然、データ分析チームを組織したり、メンバーになったりした場合、何から手をつけたらよいのか分からず困惑すると思います。書店にいけば「Python入門」「データ分析入門」といった入門者向けのデータ分析本はあふれていますが、リアルなビジネスの場面でのデータ分析組織のつくり方や、直面する壁の乗り越え方などについて記載した書籍はほとんどありません。データ分析者に必要なビジネス力を述べた本もあまり見かけません。でも、ビジネスで役立てるには、そうしたノウハウが必要です。

本書にはデータ分析手法を詳しく記載していませんので、本書を読んでもすぐさまデータ分析者になれるわけではありません。では本書に何が書いてあるかというと、データ分析の担当者に任命された、もしくはデータ分析チームを率いることになったら「どのように考えればいいのか」という方法論です。具体的には、データ分析を進める上で身に付けるべき「思考法のフレームワーク」と、それを応用した独自の「データ人材育成理論」です。いずれも、筆者ら（木田・伊藤・高階・山田）の経験に基づいて、失敗から生み出したものです。

私はデータサイエンティストを志し、独学で学び、そして、様々なデータ分析チームをマネジメントしてきました。その際、様々な壁にぶつかり、手探り状態で1つずつ壁を乗り越えてきました。今振り返れば、たくさんの失敗もありました。読者の皆さんも、これから壁にぶつかると思いますが、この本を読んでおけば、これからどんな壁が待ち受けているのか、その壁をどうすれば乗り越えられるのかが分かります。

経験を踏まえて生み出した5Dフレームワーク

筆者らはこれまで多くの企業でデータ分析プロジェクトに携わり、失敗も成功も経験してきました。そこから、「こうすれば失敗しない」という方法論を見いだし、「5Dフレームワーク」として体系立てました。

本書の2章で詳しく説明しますが、ここでは「ざっくりこんな感じ」とつかんでもらうために、何かに例えて説明します。データ分析はよく「料理」に例えられます。「データ」という材料を調理し、提供し、食べてもらうという流れがよく似ているからです。

料理は、ただ食材を調理して相手に出せばよいわけではありません。最終的に相手に喜んでもらわなければ、「おいしい料理」とは言えません。そのためには、食材選びや調理方法に工夫が必要ですし、何より相手の人がどんなものを欲しがっているかをよく知る必要があります。良い料理を作って提供するには、必要な要素やステップがあります。この1つひとつのステップをいいかげんに済ませたり、あるいは、順序を逆にしてしまったりしたとき、「まずい料理」になってしまいます。

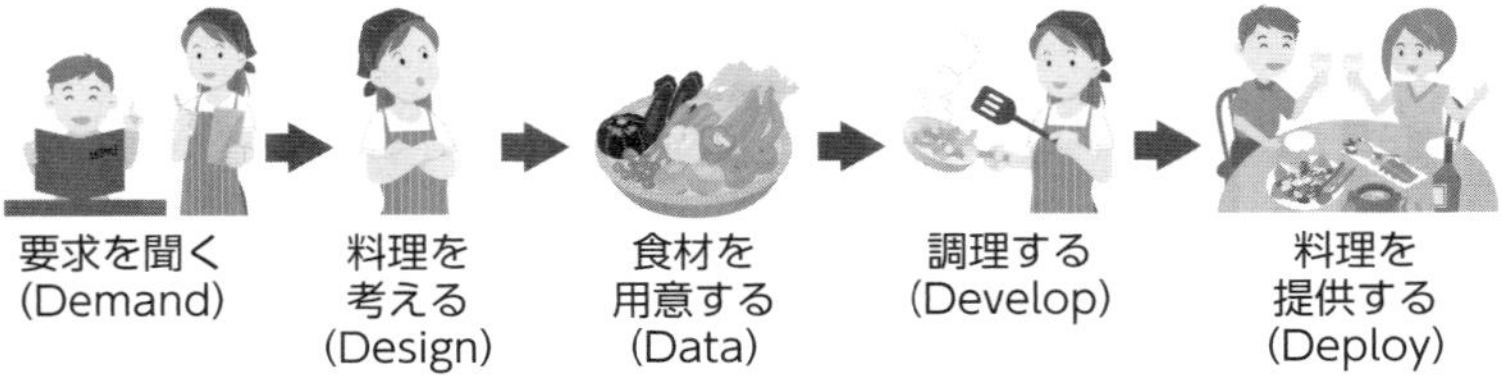

図表0－1　データ分析の5つのステップ

データ分析も同じです。「まずい分析」になってしまわないようにするには、必要なステップを踏む必要があります。それが、(1)Demand、(2)Design、(3)Data、(4)Develop、(5)Deployの5つのステップで、5つとも頭文字が「D」で始まるので、「5Dフレームワーク」と呼んでいます(**図表0-1**)。

5つのステップを順に説明します。

(1)Demand(要求):要求を聞く

料理は、食べてもらうために作ります。食べてもらうには、どんな料理が食べたいか、あるいは、今どんな気分(状況)なのかを確認するはずです。食べたい料理が1つに決まっている場合もあれば、要求がぼんやりしている場合もあります。「何でもいいよ」という答えが返ってきたとしても、本当に何でもいいわけではなく、どの範囲だったらよいか絞り込む必要があります。

データ分析の場合も、相手の要求を聞くことから始めます。相手が抱えている「問題」や、障害となっている「課題」は何か。また、自分たちが手伝うことが本当に適切かどうかも、この時点で確認しておく必要があるでしょう。

(2) Design（デザイン）：全体の絵を描く

料理の場合、相手の要求を聞いた後は、「では何の料理を作ろうか」と考えるはずです。食材も無制限に使えるわけではありませんし、時間も限られます。また、自分が作れるレパートリーも限られています。そのなかで「今の状況ではこれとこれなら時間内に作れそうだ」などと見積もり、いつごろ提供するのか、どこで食べるのかも同時に考え、相手にも了承を取って作り始めるのではないでしょうか。

データ分析の場合も、「限られた時間と手に入るデータを使って、ここまでの分析ができそうだ」「この分析結果を使って、この課題が解決しそうだ」というように全体の絵を描きます。その絵を相手に伝えて、了承を取ってから初めて分析し始める必要があります。

(3) Data（データ）：データを集める

料理を作るには、当然もとになる食材が必要になります。ただ食材があればよいわけではなく、量や質にも気を付けなければなりません。また、1つの食材だけで料理ができることはまれで、たいていはいろいろな食材を組み合わせて料理を作ります。いい食材はおいしい料理に必須ですが、それだけ調達するのが大変になります。同時に、鮮度にも気を配る必要があり、鮮度を保持するだけでもそれなりの手間やコストがかかるものです。

データ分析の場合も同じです。いいデータはそれだけ集めるのが大変ですし、常にデータを最新の状態にしておくにはコストがかかります。データも食材と同じく、タダではないのです。

(4) Develop(開発):分析する

料理は、食材によって適切な調理方法(レシピ)があり、そのための技術や器具(ツール)があります。手順ややり方、ツールの使い方を間違えれば、せっかく集めた食材も台無しになってしまいます。また、「焼く」とか「煮る」といった実際の調理以前に、下ごしらえに多くの時間がかかることがあります。

データ分析も、データを加工して前準備し、データと目的に適した解析手法を選んで実行します。前準備が不十分だったり、手法が間違っていたりすれば、求めている結果は出ません。ここでは、データ分析者の知識や経験が必要になります。一方で、それらを補助するツールも多数あります。ツールを用いることで時間を短縮でき、たいていはすべて手作業で行うより正確です。

(5) Deploy(提供):展開する

料理が出来上がったら、提供し、食べてもらいます。あらかじめ決めていた通りのタイミング、量で提供するとともに、その場の雰囲気なども考慮する必要があります。ひょっとしたら、最初に聞いていたときと状況が変わっているかもしれません。料理を作ったからには、全部食べて、満足してもらいたいですね。レストランであれば、リピートしてもらい、できれば他の人にも紹介してもらうことでお客さんを増やしたいところです。

データ分析も同じです。分析結果を報告した後、相手が結果を理解し、次に必要な行動をとってもらう必要があります。そのために、結果を分かりやすく示した「ダッシュボード」や「予測システム」を納品することがあります。行動してもらわないと「課題」は解決しません。提供した結果を相手がすべて「消化」し、「行動」することで、初めてデータ分析プロジェクトは完了するのです。

5Dフレームワークの5つのフェーズは、どれか1つでも欠落すると分析プロジェクトが失敗に終わる可能性が高くなります。逆に、順番通りにしっかりと進めていけば、文系・理系を問わず、誰でも高い確率で分析プロジェクトを正しく進めることができるようになります。

本書の読み方について

1章は筆者らが経験した成功と失敗をエピソードで取り上げています。読者の皆さんがこれから経験する「壁」が登場します。ここを読んでおけば、経験値が上がるのは間違いありません。2章は5Dフレームワークについて、詳しく説明します。3章は組織としての取り組みをまとめています。

基本的には1章から順番に読み、全部を読んだ後で1章をもう一度読むことをお勧めします。1章の失敗談は、5Dフレームワークを理解してから読むと、「どこがつまずきやすいのか?」「どうすれば、つまずきポイントを回避できるのか?」について、自分なりに答えを出しながら読み進められるようになるからです。

早く体系的に5Dフレームワークを習得したい方は、2章から読み始め、1章を最後に読むといいでしょう。また、データ分析チームのリーダー目線で、「どう育成したらよいのかを知りたい」という方は、まず3章から読み、その後で1章、2章を読むと理解がより深まるはずです。

本書の想定読者は、勇気を持ってデータサイエンスの領域に踏み込みたい、もしくは踏み込まざるを得ない方です。文系・理系は問いません。混迷の世の中、本書がキャリアの岐路に立たれている皆さんにとって、「データ分析」という一本の道を照らす一助になれば幸いです。

著者を代表して
2020年10月　木田

第1章

経験値を上げる　～失敗と成功の経験談～

1-1 多くの企業が直面している課題

本章では、データ分析プロジェクトを進めるときに、多くの企業が直面する壁の具体例を説明します。筆者らが実際に経験した「生々しい失敗」を紹介しますが、その前に、まずは日本の多くの企業がどのような状況にいるのか、整理しておきましょう。

参考になるのは、一般社団法人 日本経済団体連合会（略称：経団連）が公開している「AI-Ready化ガイドライン(注)」という資料で、企業のAI-Readyレベルを5段階で分類しています。

注：https://www.keidanren.or.jp/policy/2019/013_gaiyo.pdf

多くの企業は（一番下の）レベル1にとどまっていると言われており、そうした企業においてしばしば耳にする課題をまとめると以下のようなものが挙げられます。

(1)そもそもデータを活用するという文化がない

日々のオペレーションや顧客対応に忙殺され、「データを活用して新たな施策を打つ」という文化が醸成されていない。データ活用は、Ｅｘｃｅｌで集計するレベルである。

(2)経営層やミドル層がデータ分析を理解していない

外部のセミナーや本で聞きかじった知見がベースであるため、データ分析の本質を理解しておらず、地道な分析をおろそかにし、話題になるような奇をてらったものばかりを追い求めている。そのため、本来やるべき分析に予算がとれない。

(3)トップダウンの見切り発車プロジェクト

新聞で得た情報、他の経営者の話、出入り業者の提案書などから現状に危機感を抱き、ＤＸ（デジタルトランスフォーメーション）などの新しい施策に基づいた分析や開発が指示される。世界的企業の例を出し、ハッパを掛ける。決まっているのは「やる」ということ。なぜかパートナー企業が既に指定されていることもある。

(4)埋もれるレポート

「将来を予測してほしい」「効果を証明してほしい」「問題点を見つけてほしい」などの依頼

を受けてデータを集め、分析してPowerPointにまとめて報告したところ、「参考になりました」と言われるが、現状は何も変わらない。

(5)感情論が優先してデータで判断できない

新商品開発チームからデータ分析を依頼され、結果を報告したところ、チームにとって都合の悪い結果であった。既に商品開発は大きく動き出していたので、社内評価を気にして、ネガティブな情報が受け入れられなかった。

(6)数字だけが先行してしまう

目標を数値として定めたKPI(Key Performance Indicator：重要経営指標)は重要だが、その数値だけを追いかけてしまう。例えば、顧客満足度調査において、満足度が高くなりやすい質問文にし、高く答えてくれそうな人にだけ聞いてしまう。

(7)ビジネスが分からない分析担当者

データを集計、分類、予測することにたけている分析の専門家が、ビジネスの知識も豊富に持っているケースは少ない。

(8) データ分析に対する組織の認識や文化

部署によって「データ分析」に対する考え方が異なる。「分析力とそこから生まれるモデルこそが競争力」と考える部署があれば、「簡単な集計程度」という部署もある。後者の部署でより高度な分析が必要になった場合、それまで「正」とされていたものが崩れるので、反発を受けることがある。

(9) 過去の成功体験に縛られる

全く分析をしてこなかった組織が分析力をつけるのも難しいが、「分析で成功した」と信じている組織が新しいことを始めるのも難しい。過去のＫＰＩや分析モデルを捨てて新しいものを導入するには強い抵抗がある。

1-2 失敗エピソード

前節では一般的な課題を紹介しました。本節では、筆者らの経験に基づいた、より突っ込んだ失敗エピソードを5Dフレームワークに沿って紹介します。初めて読むとき、5Dフレームワークのどのステップなのかを意識する必要はありません。ただ、2章を読んだ後で改めて読むと、失敗エピソードに対して「どのステップに問題があるのか」「どうすれば、つまずきポイントを回避できるのか」が気づけるようになっているはずです。それだけデータ分析の実力がついたということです。2章を読んだ後の再読もお勧めします。

1-2-1 Demandの失敗：あっと驚く法則を期待？

データ分析の依頼を受けるとき、依頼者は何かしらの「問題」を抱えています。順調なときに呼ばれることはまずありません。データ分析では、まず依頼者が抱えている「問題」を理解し、周辺の状況を確認した上で障害となっている「課題」を見つけていきます。明確な「課題」が見つかれば、その解決のためにデータ分析によって何ができるかを考えていくのです。ところが、「問題」「課題」を見つける段階で、困ってしまうことがあります。一番多いのは、依頼者側が「そもそも何が悪いのか分からない」「どうしたらいいのか分からない」というケースです。

ある企業の役員クラスの方から分析依頼を受けたときのことです。本業の業績は緩やかな下降傾向で、さらに今後、デジタル化や少子高齢化などのトレンドによって本業が時代遅れになり、業績の下降傾向が強まるのではないか、という不安を抱いていらっしゃいました。「このまま何もしなければ危ない」「自社のデータをＡＩで分析して新しい取り組みをしていく必要がある」との思いで、データ分析プロジェクトがスタートしました。

ただ、具体的に「どの分野がどのくらい悪いのか」「今後どうしていきたいのか」と聞いても、明確な答えは返ってきません。最低限の売上・利益の推移は見ているものの、それより細かいデータはほとんど見ていないようでした。依頼してきた役員クラスの方は、「当社には膨大な顧客データ、受注データ、営業活動や商品配送の作業実績データなど『ビッグデータ』がある。必要なデータは全部出すので、分析して何が問題か、何をしたらいいかを提言してほしい」と言うのです。

先方のＩＴ担当の方からデータを預かり、作業を開始しました。データ定義書のようなものはあったのですが、項目やデータの意味について分からないものも多く、その都度、ＩＴ担当の方に確認し、1～2週間かけることで、なんとなく全体像がつかめてきました。全体像が見えてくると、思いの外データが欠損していて使えるデータが少なかったり、商品や店舗のマスターが整備されていないので新たに用意する必要があったりと、分析以前の段階で苦労しました。それでも何とかデータを集計し、状況を可視化するためにダッシュボードを作成し、現状がひと目で分かるようにしました。

そこから読み取れる課題をレポートにまとめて報告したところ、一息つくかつかないかのタイミングで、「そんな当たり前のことは、現場の人間は肌感として持っている」「○○のカテゴリーが課題を抱えているのは、そのカテゴリーが特殊だから当然だ」と言うのです。「そんなことよりも、こんなことが知りたい」と、その時初めて知りたいことを言われ、「それならそうと最初に言ってくれればいいのに」という言葉をぐっとのみ込み、後日報告することになりました。

手元のデータで足りなかったものは、ＩＴ担当の方に追加で依頼し、外部のデータなどもかき集めて分析し、前回言われた「知りたいこと」を報告書にまとめて報告しました。そこで言われたのは、「欲しかったものとは違う」「AIを使えば、人が考えても思いつかないような、あっと驚く法則性みたいなものが出てくるんじゃないのか」という言葉です。その後、「社内の事情が変わった」というひと言で、この分析プロジェクトは終了となりました。

エピソードで示した例は、そもそも「何をしてほしいのか」が明確ではありません。分析プロジェクトとしては明らかに失敗です。

これまでデータ分析をしてこなかった企業でよくあるケースは、「データ分析をすること自体がゴール」になってしまうことです。これまでデータ分析をしてこなかった反動からか、「データ分析プロジェクトが立ち上がる」「新たにデータサイエンティストを採用してチームをつくる」ことが目的になってしまい、そうなると、「データ分析でこんなことをやりました！」と社内外にアピールすることそのものが重要になります。「課題を解決する」ことではなく、「〇〇件の分析案件をこなす」「競合他社がやってない画期的な分析をする」「広報活動のネタにしやすいようなテーマで分析する」といった指示が下りてくるようになるのです。

こうなると当然、根本的な課題解決より、とにかく数をこなしていくことになります。地味な集計より「画像解析」や「自然言語処理」といった派手なテーマばかり選ぶようになり、

1～2年たって、「実は会社の売上に貢献してないんじゃないか」などとささやかれ、以前のように予算や自由度を与えられなくなってしまいます。データ分析チームは与えられた〝課題〟に対して取り組みましたが、プロジェクト本来の目的から考えれば明らかに失敗です。

1-2-2 Designの失敗：想定以上の多額なコスト

コンシューマー向け商品を扱う企業でデータ分析を担当していたときのことです。当時の経営層の発案により、「広告効果を分析する」これまでにないデータ分析プロジェクトが立ち上がりました。経営層からは「当社の売上、顧客、広告の状況をすべて1カ所で把握できるようにすること」「特に広告は、誰がどれだけ接触しているか、どのくらいの効果があるか把握できること」「最適な番組に最適な広告を自動で出稿できるようになること」といった目標が示されました。

これまで、売上・利益データの集計や、顧客・受注データの分析をしてダイレクトメールを最適化するなどの取り組みはされていましたが、それらからすると、ずっと難易度の高い内容です。全商品、全販売チャネルに関わるため、社内各部署から人が集められただけでなく、広告効果については、外部のデータ分析専門会社に分析・報告をお願いすることになったのです。

経営層が欲しいデータや、理想の姿については示されたものの、どのようにしてその分析モデルを作り、どのようにシステムを実装するのかがはっきりしないまま、会議が繰り返されました。「状況を1カ所で分かるように」というリクエストなので、IT部門は、これまでExcelで報告されていた各種売上・利益のデータを一覧できるように「ダッシュボード」を作り込んでいきました。

広告データの分析を担当する外部の専門会社から「とにかく、全チャネル、全商品についてのデータが欲しい」とリクエストされたので、顧客データ、販売データ、広告実績データ、ウェブサイトのアクセスデータなどを、各担当部門が毎週のようにまとめてファイルで送っていました。ただ、提供したデータがどのように解析され、最終的にどうなるのか、提供する側にはほとんど知らされていませんでした。

プロジェクトが始まって数カ月がたち、広告データの分析会社からいくつかの広告効果予測モデルや、それに基づくグラフなどが提出されましたが、経営層が求めるようなものではありませんでした。報告のたびに修正、やり直し。時間がたつと、言い出した経営層側の考えることも微妙に変化し、これまでとは違った要求も出てくるようになります。その新たな要求に応えるべく、各部署の担当者は新たなデータをかき集め、分析専門会社へ送り続けていました。

ＩＴ部門も同様で、ダッシュボードに対して経営層からの「ダメ出し」が続き、個々の要望に応えていくと、１つの画面にたくさんの要素が盛り込まれるようになりました。また、ＩＴ部門がダッシュボードにかかりきりになったので、その他のシステム改善は一時ストップしてしまいました。

外部の分析専門会社はゼロから効果予測モデルをつくり、期間も1年弱に及んだので、想定以上の多額なコストが必要になりました。しかも、成果物は経営層を満足させることができず、社員は見ることすらないままでした。最終的には、広告戦略自体の見直しが必要になったこともあり、プロジェクトは中止。後にはほとんど何も残りませんでした。

当初のアイデアや理想とした姿は良かったと思いますが、どれくらいの予算でどこまで作り込むか、既存のツールを流用することができないかなど、全体の絵が描けていないという問題です。

1-2-3 Dataの失敗：使えないビッグデータ

ある企業のデータ分析担当だったときのことです。社内のＣＲＭ、顧客データの管理、ダイレクトメールの配信、販促のためのアウトバウンドコールなどを担当している部署より、データ分析の依頼が来ました。内容は、「データ分析によって効果的にダイレクトメールを送付し、売上を向上させたい」というものでした。商品は決まっていて、発送するダイレクトメールの内容やデザインもすべて出来上がっており、発送予定日までに発送先のリストを作って出してほしいということでした。依頼者は、「うちの会社には１０００万人以上の顧客データがあり、１年間で数百万件分の受注データがある。これら〝ビッグデータ〟を活用して、商品が売れるリストを作ってほしい」と言うのです。

ただ、データの詳細について聞いても、あまりはっきりした回答が返ってきませんでした。よく聞けば、依頼者自身は顧客データや受注データを触ったことはなく、「データが必要なときは、部下がＩＴ部門に頼んでＥｘｃｅｌ形式のファイルで出してもらっている」とのことでした。つまり、そもそもデータがどこにどのような形式で格納されているのか知らないようです。

そこで、直接IT部門に相談すると、データは社内のデータベースに格納されているとのことです。ただ、全顧客・全受注データとなると当然膨大な量になるため、とてもExcelで持ち出せる量ではありません。IT部門からデータベースのアクセス権をもらい、データ分析ツールやSQLを用いることで、やっと中身を見ることができました。

実際に顧客データを見てみると、確かに1000万件程度ありましたが、属性を格納した列が空欄になっているデータがたくさんあるのです。「顧客番号」や「住所」、「電話番号」についてはおおよそ入力されているのですが、メールアドレスなどはかなり不明の場合が多く、性別や生年月日といった基本的な情報も不明のケースが多いのです。

聞けば、自社のウェブサイトから注文を受ける際、メールアドレスなどを必須にすると離脱してしまう方が多いので、任意にしたり、そもそも入力欄を用意していなかったりしているからだそうです。コールセンター経由の受注データは、ウェブサイト経由より属性情報がそろっているものの、それでもすべての属性がそろっているわけでありません。コールセンターのオペレーターの画面には、そのお客様についての基本属性のほか、住居や職業、趣味などを入力する欄があり、ペットの名前の欄まであるのですが、実際はほとんど入力されないままになっていました。オペレーターがお客様の印象をコメントに残しているものの、書き方や分量は担当者によってバラバラで、オペレーター同士でしか分からないような記号や略語なども多く、そのままでは使えそうにありませんでした。

では、受注データはというと、十数年分のデータが保存されていて集計するだけでも大変でした。ただ、これを顧客データとひも付けて集計してみると、実は1人の顧客につき1～2回くらいしか購入していないことが分かったのです。複数回購入している人も、オプション商品を別の日に追加購入していたため複数カウントされているだけの人も多く、ほぼ1回だけの購入という人が大半を占めていました。

1人の人がいろいろな商品を買っているのであれば、受注データを見ることでどのような人かを推測し、似た傾向を持つ人を分類できそうだと考えましたが、1回1商品だけの購入となると、それだけでお客様を分類するのはほぼ不可能でした。さらに悩ましかったのは、その1～2回の購入が既に今から3年以上前のケースが半分以上だったということです。

これが、依頼者が〝ビッグデータ〟と呼んでいたデータの実体です。1000万人以上の顧客データといっても、属性などがきれいにそろっているものは数分の1です。このようなデータであっても、統計分析ツールに投入して分析を実行すれば、予測値は出てきます。

予測に基づいてダイレクトメールを発送したところ、（分析しないで）ランダムに発送するよりは受注率（反応率）は高くなりました。ただ、この方法で何度も繰り返していくと、同じお客様に何度も同じ商品を紹介することになり、だんだんと反応が悪くなっていきます。そのうち、「データ分析チームにリスト出しを頼んでもあまり効果がない」という評判が立ってしまい、最終的には同じような依頼が来なくなってしまいました。

1-2-4 Developの失敗：分析結果を説明できず混乱招く

小売業のデータ分析チームに在籍していた際、新しい商品開発プロジェクトに関わることになりました。これまでは商品開発といっても、提携企業からの提案によるものが多く、ニーズ調査や競合分析、訴求ポイントの設定などは提携企業に任せている部分が多くありました。そこで、これからは自社でデータに基づいて商品を開発し、マーケティング戦略を進めていくことになり、データ分析チームも呼ばれることになったのです。

新しい商品について事前に消費者へのアンケートを多数実施し、機能や訴求ポイントを決めていきました。また、既存商品についても同様のアンケートを取って新商品と比べることで、新商品がどれほどのポテンシャルがあるのかを数値で示そうとしました。既存商品は、過去にどのくらいの広告施策を行い、何人の人にリーチしたのち、いくらで販売してどのくらいの売上につながったか、というデータがあります。数百種類の商品情報とアンケート結果を用いて予測モデルを作れば、発売前あるいはまだコンセプト段階の新商品であっても、おおよその販売量が算出できるのではないかというのです。実際の売上金額や利益額は、投下した広告金額やダイレクトメールなどの販促状況によって影響を受けてしまうので、例えば広告を見た人数に対しての購入者の割合など、「反応率」で各商品の商品力を測るようにしました。

プロジェクトでは、アンケート結果が集まってくる一方で、その他のデータ収集や加工に時間がかかり、肝心の予測モデルの開発が若干遅れていました。そこで、データ分析ツールに搭載されている「自動数値予測機能」を使って、ツールお任せで予測モデルを開発したのです。あらかじめ用意したデータをツールに読み込ませ、「何を知りたいか」を指定すれば、ものの数分で予測結果が出力される機能です。予測したい出力形式（数値か、A／B／Cといった分類かなど）によって、適切にデータを加工したり、変換したり、不要なデータは取り除いたりもしてくれます。1つひとつ難しい設定をしなくてもよいので、あっという間に求められるレポートを提出することができました。

これまで統計モデルに基づいて定量的に販売数量を予測したことがなかったため、レポートを見たプロジェクトメンバーの反応は上々でした。候補となっていた数十種類の新商品が見込み度合いによってランキングされたので、見込みの薄い商品は検討から外し、有望な商品にリソースを集中できるようになりました。

ここまでは良かったのですが、ここから新たな問題が出てきました。見込みが薄いと判定された商品の担当者から、「なぜ、その数値が出たのか」「何を改善すればよい数値が出るのか」と問い詰められたのです。ツールお任せで予測値を出していたので、「なぜ?」と問われると明解に答えることができません。ツールではいろいろなアルゴリズムを用いて複数の予測モデルを作成し、それら予測値の平均を取るなどして最終的な予測値を出しているようでした。その基になっている予測モデルを1つひとつ見ていけば、どの変数(要素)が強く売上に影響しているかは分かるものの、変数の重要度はモデル(アルゴリズム)によってバラバラでした。予測の精度や、説明のしやすさなどを考えて設定を少し修正すると、予測モデルは変わってしまい、予測ランキングもガラッと変わり、また説明が必要になってしまいました。

さらに、遅れていたデータが届いたので、スピード重視で加工を実施した上で活用し、予測モデルを作り直してみると、前回とは大きく違う予測結果が出てしまったのです。前回は

「見込みあり」とされた商品が「見込みなし」になったり、またその反対も起きたりしたので、商品担当者を困惑させてしまいました。「なぜ前回と違う数値が出るのか」と聞かれても明確な回答ができないでいました。これまでの経緯やツールの仕組みなどを説明したところで、商品担当者からすると理解できるものではありません。商品担当者は経営層などに説明する必要があり、相当困らせてしまいました。

そうこうしているうちに、このプロジェクトを商品担当者側に移管することになり、分析モデルの引き継ぎが必要になりました。引き継いだ相手はいろいろ苦心して読み解いてくれましたが、引き継ぐのに精いっぱいで、モデルの改善までは難しかったようでした。スピード重視、かつ楽にできる分析方法を選んだことで、結果としてはかえって担当者を混乱させ、自分自身も余計な修正や説明に追われることになってしまったのでした。

1-2-5 Deployの失敗：分析しても使ってもらえず

スーパーマーケットやホームセンター、専門店などに商品を販売する企業のデータ分析チームに在籍していたときのことです。経営層と営業部門のリーダーから分析依頼を受け、プロジェクトはスタートしました。

販売数量や売上のデータは上がってくるものの、それ以上の詳細なデータは営業担当者が持っていることが多く、「営業の現場はどうなっているのか」「どのエリアで売れているのか」「なぜ最近売上が減少しているのか」といった基本的なことすら分からず問題になっていました。そこで、過去から現在の販売状況を可視化し、問題点を見つけ、注力すべきエリアや商品を示してほしいとのこと。加えて、売れている店舗・売れていない店舗の分析から、いわゆる「勝ちパターン」を見つけ出してほしいとの依頼です。

課題となっていたのは、販売先店舗についての情報が営業担当者の頭の中だけにあることです。また、多数ある店舗についての情報の粒度がバラバラで、統一した指標もありませんでした。そういったデータを集めるにしても、営業担当者だけに任せると、どのようにしたらよいか見当がつかないというのです。営業担当者は訪問や受注の報告にＥｘｃｅｌを使うことはあっても、データ自体を集めたり分析したりといった経験が乏しいので、そもそもどういった情報・データを集めたらよいか分からないのです。そこで、現状のデータをまとめてダッシュボードで可視化し、どのデータが不足しているのかを示し、どうやってデータを収集するのかから教えていきました。

売上データについては、比較的早く可視化ができました。各種グラフを用いて商品別、エリア・店舗別などで表すことで、現在の好調・不調が明らかになるほか、将来の予測値もある程度計算することができました。一方で、その原因、例えば「売れている店舗はそうでない店舗と何が違うのか」などについては、全く情報がありませんでした。考えられるとすれば、店舗の集客力や立地、さらに細かく見れば商品が置かれている棚の場所なども影響しているかもしれません。そこまで報告すると、経営層と営業部門のリーダーは、全営業担当者に向けて、店舗を回って必要なデータを集めよ、と指示を出したのです。

店舗の基本情報など、現地でなくても分かる情報はデータ分析チームで集めました。指示から約２カ月、本社の営業担当者だけでなく、外部の企業にも委託し、とにかく回れるだけ店舗を回ってデータを集めてきました。それらを集計し、可視化し、統計モデルを用いて売上に与えている影響や、エリア・店舗ごとの販売ポテンシャルなどを数値で表すことができたのです。

その分析結果を、営業担当者を集めて発表する場が設けられました。私たちデータ分析担当者は、現在の問題や課題を踏まえ、売上に影響を与えている要因を分析し、作成したダッシュボードを使って丁寧に説明しました。ところが、全くと言っていいほど反応が返ってきません。表情は暗く、質疑応答では１つの質問も出てきません。こちら側から感想や意見を求めると、「すごいですねぇ」とは言うものの、それは「変わったことやっているな」というニュアンスであり「興味深い」という意味ではなさそうでした。

そして、分析結果に基づいて具体的な改善策を提示したところ、だんだんと反応が「ネガティブ」に変わっていきました。「店舗側にも事情があって簡単には変えられない」「営業は立場が弱く、意見など言えない」といった反対意見や、「集計の分類方法が現場と違う」「営業が肌で感じているものと違う」という指摘も出てきました。さらには「調べたときと現在では棚の配置が違う」「もうこの店舗では扱っていない」といったデータの鮮度に関わる話が出てきて、最終的には「経営層が指示したこのプロジェクト自体無意味だ」「(分析チームは)経営層の意見ばかり聞いて動いて、現場の話など聞いてないではないか」など、相当険悪な雰囲気になったところで説明会は打ち切られてしまいました。プロジェクトを指示した経営層や営業部門のリーダーは、結局最後までこの場には現れませんでした。

このプロジェクトは失敗です。なぜ失敗したかと言えば、経営層や営業部門のリーダーからの依頼は、営業担当者の総意であると思い込んでいたことにあります。分析結果に基づいて実際行動するのは、経営層でも営業部門のリーダーでもなく、営業担当者です。そもそもこの取り組みを今後どうやって続けていくのか、曖昧なまま始めてしまっていました。データは、集めた時点からどんどんと「腐って」いきます。

必要なデータを集めて可視化し、それなりに精度の高い分析モデルを作成できましたが、それを理解してもらい、実際に「使ってもらう」ところで大きな失敗をしてしまいました。

1-3 成功エピソード

前節では、筆者らの経験に基づいた失敗エピソードを紹介しました。失敗エピソードだけを並べたので、ひょっとしたら「データ分析プロジェクトは難しい」という印象を抱いているかもしれません。そこで、その印象を払拭すべく、筆者らが経験した成功エピソードを、5Dフレームワークのステップに沿って紹介します。この節を読むことで、データ分析に対して「いいイメージ」を描けると思います。なかには「データ分析をしていない」エピソードもありますが、データ分析をすることが目的ではないので、そこは本質ではありません。読者自身のプロジェクトを本節のように実践するための方法論が、2章で書かれていると考えてください。

1-3-1 Demandステップの難所を乗り切ったケース

小売店舗向けのサービスを提供する企業に在籍していたときのことです。ライバルに先駆けてサービスを提供し、提携するチェーン店の規模が大きいことから、販売は比較的安定していました。ところが、この半年ほど売上が急減し、ずっと前年割れの状況になっていたのです。担当者に尋ねても、特にこの半年で価格や販売方法に変更はないとのことでした。そこで商品担当者は、データ分析チームにアドバイスを依頼したのです。

「本当に急に数字が悪くなりました。理由が分からないので調べてほしい。理由が分かれば早急に対策したい」とのことでした。商品担当者からもらえたデータは、過去の販売データと、利用したお客様の情報、販売している店舗の情報などでした。さて、このデータからどう分析を始めていこうかと考えていたところに、商品担当者から連絡が来ました。「上長から『こういう理由ではないか』という仮説が出てきましたので、私たち自身もいろいろ原因を考えてみました」と書いていて、メールにはたくさんの「仮説」が並んでいました。結びには、「お渡ししたデータを使って、この仮説を検証してください」とあります。この時、「売上が減少している原因を探す」という依頼から、「仮説を検証する」という依頼に変わってしまったのです。

ちなみにメールに書かれていた仮説としては、「周辺人口が少なく、競合が多いなど店舗の立地が悪い」「商品を知らせる看板が古くなっているか撤去されている」「この商品のニーズを持つ人がいなくなった」「店舗の改装と重なってしまい、販売できない期間があった」などなど。それらをデータで証明してほしいというのです。

確かにそういったマイナス要因がないとは言えませんし、それらについて個別にデータを集めて報告することはできるでしょう。ただ、対象店舗は全国にあるので、すべてを調べあげるのは手間と時間がかかります。お客様のニーズを調べるには、しっかりとしたアンケート調査の実施が必要になります。

何より、それら「仮説」のほとんどが最近の変化を表すものではなく、「売上が低い理由」にはなり得たとしても、「売上が急に減った理由」にはなりません。「売上が急に減った」という問題に対しては、別の「課題」があるはずです。

そこで手始めに、売上データや店舗データを集計し、ダッシュボードで可視化したところ、エリアや店舗ごとの傾向は見えてきましたが、この半年ほどは全国的に売上が減少しており、減少の理由は見つけられませんでした。次に「仮説」について、自社にあった外部のデータを利用して調べたり、実際にいくつかの店舗・競合店舗を見て回ったりして、仮説通りなのかどうかを確かめました。

そうした作業を実施する一方で、基本に立ち返って「もし自分が客だったら」と考えてみました。「いつ、そのサービスが必要になるか」「必要なサービスをどうやって調べるか」「何を理由にサービスを選ぶか」といったことです。また、提供しているサービスのターゲットに近い友人などに同じようなヒアリングをしたり、世間一般の声を拾うためにＳＮＳやブログなどで情報を集めたりしました。

分かってきたことは、対象サービスの認知度はあまり高くないということです。実際、ウェブの検索結果などを見てみると、明らかに競合の方が優位になっています。専用ツールを使って自社と他社のウェブサイトへのアクセス数や、そこへの流入経路などを調べてみると、危惧した通りの結果でした。競合企業のウェブサイトへのアクセスは急増していました。その多くが販促策の強化によるものです。反対に自社サイトへのアクセスは急減しているにもかかわらず、十分な販促策は実施されていませんでした。

要はこういうことです。後発で同様のサービスを提供する競合企業が販促策を強化して集客し、その分、自社サービスの利用者が減って売上減少につながった。つまり、売上減少という「問題」に対する「課題」は、自社の販促策が不十分で集客ができていないことでした。分かってしまえば単純なことで、担当者は「なんだ、そんなことか」と言っていましたが、もし当初の仮説通りに「店舗の立地」や「看板の有無」だけを調べていたとしたら、この結論にはたどり着かなかったと思います。

1-3-2 Designステップの難所を乗り切ったケース

1-2-2で紹介した、広告効果測定のデータ分析プロジェクトの話の続きです。1-2-2では広告や販促活動と売上をつなげる分析モデルを作成し、効果を定量的に測定しようと試みたところ、膨大なコストがかかり、広告方針の変更もあってプロジェクトは中止になったところまで説明しました。その時は失敗プロジェクトとして説明しました。

その後、仕切り直しをして、広告を出す以上は効果を測定する必要があるので、プロジェクトは再開されることになりました。担当部署は、TV広告の前と後で売上の上昇率を独自に比べたり、ウェブ広告をクリックした人のその後のコンバージョンを追跡して効果を測ったりしていました。そうした努力の結果、TVならTV、ウェブならウェブの中だけでの広告効果は表せるようになったものの、「TV広告がウェブ検索を誘発して最終的に実店舗で購入する」といった、横断的な効果を測ることができませんでした。経営層から「このTVCMを放映した結果、最終的にいくらもうかったんだ」と問われたときに、社内に誰も答えられる人がいなかったのです。一度は失敗した全社的な広告効果測定について再びニーズが高まったことで、データ分析チームに依頼がやってきました。

「各広告の効果を定量的に測定したい」「チャネル横断的に全社・全商品カテゴリーについて測りたい」「今後はその値を正として全社のKPIにしたい」との要望がありました。要望自体は、以前失敗したときとあまり変わらないものでしたが、今回はやり方を変えました。いきなり関係者を集め、データを提出させて分析モデルを作るのではなく、「既存の測定方法では何が問題なのか」「同じような課題を抱える他社はどうしているのか」「新しいテクノロジーで解決している事例はないか」など、まずは情報収集しました。そして、手元にあるデータやツールでまずはプロトタイプを作り、最終的に出来上がるものがイメージできるようにしたのです。

通常広告（を含む施策）の効果を測定する方法としては、広告前と後の差を調べる方法があります。また、調査会社の調査パネル（接触した広告やウェブサイトの閲覧、購入した商品などを一定期間にわたって効果を測る方法）などがあります。前者の場合、広告前後で（広告以外の）条件が一致していないと効果が正しく測れません。場合によっては、広告後に売上が下がっていると「効果がマイナス」と出てしまうこともあります。また、調査パネルを使った方法は1人ひとりの行動を追いかけるためデータの粒度は細かいのですが、たまたま電車の中刷り広告を見たり新聞のチラシを見たりといったことまでは追いかけることができません。オンラインとオフラインをまたぐような場合には使いにくいのです。

そこで3つ目の方法として、日ごとの様々なデータを集めて統計解析にかける方法を採用しました。少し粒度は粗くなりますが、TV広告でもチラシでも、雑誌への記事掲載でも、同列に扱うことができます。気象条件や当社キャンペーンの有無や競合会社の動きなど、あらゆるプラスマイナスの条件を投入した予測モデルを作ればいいだろうと考えました。そこで、とりあえず手元で集められるデータと、これまた手元にあった統計解析ソフトに投入して簡単な分析モデルを作ってみました。

ここで初めて、経営層を含む主なメンバーを集めて報告し、今回の分析プロジェクトについて説明しました。今回の方法であれば、日単位で各広告や施策の効果が定量的に表せることと、現場が独自に管理しているデータを提出してもらえれば、さらに予測精度が上がることを伝えました。そして、今後全社で使っていくのであれば、その都度データ分析チームに依頼するのではなく、簡単に操作できる専用ツールを導入して皆で使っていくことを提案しました。短時間で分析ができることや、担当者自ら手を動かして施策を考えられることを優先し、ツールを選びました。参加者からは、「データ分析が簡単にできるなら」と、ツールの導入にはおおむね賛成をもらうことができました。

抱えている「課題」と入手可能な「データ」について調べ、最適と思われる「分析方法」を選び、最終的にどのようにして「仕組み化」するかを考えるのです。今回はプロジェクトの早い段階でこれらを行うことができたので、予算の取得や関係者の協力が得られたと思います。

1-3-3 Dataステップの難所を乗り切ったケース

1-2-3で紹介したエピソードの続きです。1-2-3では、お客様の属性データを分析してダイレクトメールの送信先リストに活用したものの、分析に使えるお客様の「属性データ」が十分でなく、その効果は期待ほど出ませんでした。この会社ではお客様情報の不足を認識し、職業や趣味や住居の情報を何とか集めようとしていましたが、なかなか集まりません。お客様からすれば、よほどメリットがないと個人情報を教えないでしょう。

そこで、最初に立ち返り、何のためにデータを集めるのかを考えてみました。すると、「属性データ」を基にするより、もう少し踏み込んで、お客様が購入前にどういった反応をしているかという「行動データ」を基にした方が効果的だとなり、属性データではなく行動データに注目することになりました。

商品を紹介しているウェブサイトへの訪問者は多く、専用ツールを使うことで、訪問データを取得できていました。その中で（過去に商品を購入した）お客様と特定できるものは1～2割ほどしかありませんでしたが、それでも、何も活用しないよりはいいだろうと考え、お客様1人ひとりの行動を表す情報として整理していくことにしました。最初のうちは「ウェブサイトを訪問したことがあるか、ないか」くらいで始め、「どの商品のページを見ているか」「何回訪問しているか」「いつ訪問しているか」というようにだんだんと粒度を細かくしてお客様の行動をデータ化していきました。

そういった行動データを見ていくなかで、確かにお客様によって行動が異なり、購入につながるような情報が得られることが分かってきました。その一方で、「そもそも、なぜこの人はこの商品を買ったんだろう?」と考えるようになりました。これまでは年齢だとか職業の傾向から、きっとこんな理由で買うんじゃないかなどと考えていました。あるいは、広告で「○○の悩みが解消します」とうたっているから、「○○が購入理由だ」と盲目的に信じていたときもありました。

ところが、コールセンターに残っている会話記録や、ＥＣサイトのレビューなどを読み込んでいくと、どうも同じ商品であっても全員が同じ理由で買っているわけではないことが分かってきました。また、「なんとなく良さそうだったから」という理由の人もいれば、わらにもすがる思いで購入する人もいるのです。自分で買ってよかったから家族や友人の分を買ってあげるという人も、想像以上に多いことも分かりました。こうした「心理データ」こそが、商品購入の予測に必要なのではないかと考えました。

そこで、お客様に「購入理由」を聞くことにしました。コールセンターのオペレーター業務を増やすことになるので、できるだけ負担にならないように、オペレーターが使う画面を改良し、あらかじめ用意されたいくつかの選択肢から簡単に選べるようにしました。その選択肢は、過去の会話記録をテキスト分析し、主な理由をグループ分けして選び出したものです。初めのうちはオペレーターから不満の声も聞かれ、なかなか回収率は上がりませんでしたが、最終的には９割以上で「購入理由」を聞くことができました。さらに、購入いただいた後のアンケートも整備してデータを収集することで、購入後の「満足度」も把握できるようになりました。こうして、短期間のうちに大量のデータを手にすることができたのです。

お客様についての「行動データ」「心理データ」を集めることで、１人ひとりをより明瞭にイメージできるようになりました。このデータをフル活用して改めて分析モデルを作成したところ、ダイレクトメールやアウトバウンドコールで大きな成果を出したのです。

またこれらのデータは、単に分析精度向上やCRM施策の効率化だけにとどまらず、もっと大きな効果にもつながりました。「購入理由」や「満足度」といったデータは、取得するとすぐにBIツールを使ってダッシュボードにまとめ、全社員に配信しました。そうすることで、実は広告などで訴求しているメッセージがあまり認知・理解されておらず、当初想定していたのとは違った目的で購入されているといった情報が社内で共有されることになりました。その情報を使って、販促方法を変えたり、新しい商品開発に活用したりするようになったのです。

1-3-4 Developステップの難所を乗り切ったケース

小売業の分析チームでデータ分析を担当していたときのことです。新しい商品を作り販売を始めるとき、あらかじめどれくらい売れそうかを予測するのは非常に重要です。その企業では、これまで一般の消費者に広くアンケートをとり、新商品の優先順位付けを行っていました。新商品だけでなく既存の商品についても、「その商品を欲しいと思うかどうか」と尋ね、販売データと共に予測モデルを作ることで、新商品のおおよその売れ行きを予測していました。その際、いくつかのアルゴリズムを試したり、チューニングを行ったりして予測精度を高めていきました。

これによって、新商品の優先順位は付けられたものの、「なぜその順位になるのか」について明確に答えることができませんでした。「多くの消費者が『欲しい』と言っているから」「商品カテゴリーが重要な要素で、これは過去に売れた商品と同じカテゴリーだから」くらいの回答しかできず、「何を改良したら売れるようになるか」はモデルから導き出すことができませんでした。

そのうち「この商品は売れる」と予測したのに全く売れない、あるいは売れてももうからない新商品が出てきました。こうなると、経営層や商品担当者は、「精度の低い予測をしたことで、大きな損害を出した」とデータ分析チームを非難するようになったのです。なぜ予測が外れたのか説明できないでいると、「そもそもこれは売れる見込みがない商品だったが、たまたま予測がちょっと外れただけだ」という空気のまま、販売が取りやめになってしまいました。

こういったことを繰り返さないために、今回販売が思わしくなかった商品について深く調べてみました。まず商品の広告を放映した時期や時間を調べてみると、視聴した人の数に対しての反応率は、良くはないものの大赤字になるほどではないことが分かりました。ターゲットとなる性・年代に合った媒体に出稿してはいるものの、年末で広告費用が高い時期に出していたことで、今回は利益が出ていなかったのです。また、広告に使われた映像にも難があり、反応がいまひとつの理由であることが分かってきました。

つまり今回は、商品自体の魅力はそれなりに高い一方で、商品広告の訴求力が足りず、広告媒体はターゲットにリーチできたものの「コスパが悪い」ことが問題だったのです。

そこで、「商品力」「クリエーティブ力」「メディア力」の3つをデータ化して予測モデルを作ることができれば、「なぜこの売上になるのか」「何を改善したら売上が向上するか」を説明できるようになるのではないかと考えました。

「商品力」については、これまでとっていたアンケートを改良し、「その商品を欲しいと思うかどうか」だけではなく、デザインやサイズ、価格などの構成要素についても評価してもらい、訴求ポイントにそもそもニーズを感じるかどうかについて確認しました。これらのデータを商品プロファイルとしてダッシュボードにまとめ、「なぜ『欲しい』と言われるのか」「改良するとしたらどの部分か」がひと目で分かるようにしました。

「クリエーティブ力」については、広告に含まれるいろいろな要素を数十種類抽出した上で、対象広告に含まれるかどうか、どんな順番で登場するかなどをデータ化しました。このデータと、広告の実績データを掛け合わせることで、売れる（売れない）広告には何が必要か分かるようにしました。

「メディア力」については、全国のＴＶ番組の視聴データを入手して解析しました。そして予測モデルを作成することで、曜日や時間帯、番組ジャンルなどから将来の視聴者数を推定できるようになりました。

最終的には「商品力」「クリエーティブ力」「メディア力」それぞれを表すデータのすべてを使って販売を予測するモデルを作成しました。これにより、商品の売上・利益がどの要素によって影響を受けているのか、何を改善すればいいのかが分かるようになりました。また、まだ発売前で広告素材も作っていない新商品であっても、ある程度シミュレーションをして「売れるか・売れないか」を予測し、第三者に説明することができるようになったのです。

1-3-5 Deployステップの難所を乗り切ったケース

企業のデータ分析チームのミッションは、経営層や他のメンバーが抱える課題をデータ分析によって解決し、問題を解消することです。筆者らの経験では、依頼があって初めて動き始めることがほとんどで、こちらから働きかけることはあまり多くありません。ただ少ない例外として「顧客ロイヤルティーの向上」とそのためのデータ分析は、分析チームから声を上げて会社を動かし、それなりの成果を上げることができたのではないかと思います。

それまでは、お客様から頂いたはがきの意見や感想を基に、商品・サービスを改善してきました。コールセンターに頂いた問い合わせや苦情の内容も集計・報告し、商品によっては個別に満足度調査を行って、「満足度○○%」と社内外に報告していました。

ただ、そうした「顧客満足」のための取り組みはCS担当部門だけの仕事と見られていて、会社全体で取り組んでいるとは言えない状況でした。それどころか、顧客満足を優先することで商品・サービスのコストが上がり、広告で訴求するメッセージを制限しなければならず、むしろ売上・利益を阻害しているとさえ見られていたのです。毎週のように販売やマーケティング施策についての大きな会議が開かれる一方で、顧客満足についての会議は月1回。

それ自体も、あまり社内では歓迎されているようには見えませんでした。

ただ、社外に目を向けてみると、ウェブ上には自社商品に関するネガティブなクチコミも多く見られました。SNS上では「欲しい」「買ってみたい」という声がある一方で、「買ってよかった」という声があまり見られません。さらにある調査会社の満足度調査を見ると、ここ数年はランキング下位が常連で、「顧客満足度」「ロイヤルティー」の項目が特に低かったのです。顧客ロイヤルティーが低いということは、新規にどれだけお客様を集めても、近い将来離れていってしまうということです。それだけでなく、ネガティブな経験を友人や家族に話すこともあるので、将来の売上をも潰してしまいかねません。

ここに危機感を抱き、データ分析チームが主体的に動きました。社内の各所に向けて、ロイヤルティー指標の導入と改善を訴え始めたのでした。これは簡単に言えば、「自社や自社商品のことがどれくらい好きか」を示す指標です。ところが、CS担当部門がロイヤルティー指標を導入し、データを集めて報告しても社内には普及しませんでした。また、外部コンサル会社を雇って改めて調査・レポートをしても、こちらも月1回報告会が行われるだけで、ほとんど成果らしい成果が出ませんでした。そこで改めて、データ分析チームが自ら設計、分析、報告のすべてを行うことにしました。

「データや指標は、使ってもらってナンボ」「会社が良くなってナンボ」と考え、理想の姿から逆算してやるべき仕事を考えていきました。ロイヤルティーの高いお客様が自社を喜んで応援してくれるようにするには、お客様が本当に求めているものを見つけて伸ばすとともに、特に不満を持たれる部分を見つけて修正していく必要があります。そのためには、商品・サービスの担当者に必要な改善を行ってもらう必要があります。

データ分析チームとしては、優先度の高い改善ポイントを早く見つけて提案するとともに、不満を持ったお客様を見つけてすぐに対応を依頼する必要があると考えました。ロイヤルティ指標は全社に共有し、ひと目で問題が分かるようにして、問題がわかれば担当者はすぐにでも改善に取り掛かる、そんな理想的な姿を思い浮かべながら全体を設計しました。そして経営層に対しては、ロイヤルティー指標の収集→ダッシュボードでの共有→商品・サービス改善ミーティングの定期開催までをセットで提案し、「ロイヤルティー指標が全社で向上させるべき指標である」と社内に発信したのです。

実践した結果のデータを分析してみると、ロイヤルティー指標が高いお客様は購入金額が大きく、また家族や友人に積極的に薦めてくれていることが明らかになったのです。ここで初めて、「顧客満足」「顧客ロイヤルティー」が利益に直接影響していることが証明されました。

これらデータの収集・加工・可視化・レポートまでの一連の作業は、属人化しないように自動化・半自動化し、そのデータが手の届くところにあるのが当たり前の状態にしました。経営層も、商品担当者も、コールセンターのオペレーターも全く同じダッシュボードを見て議論をする、当初理想としていた環境をつくることができたと思います。

1-4 成功事例応用編

前節は5Dフレームワークのステップごとの成功事例でしたが、1章の最後に、私（木田）が経験した、5Dフレームワークのすべてのステップに関係する事例を紹介します。前節が基礎編なら、本節は応用編に当たります。

小売店でデータ分析を生かすのは困難

まずは、一般論として、対面での接客をベースとする小売店の現場において、データを分析し、その結果を販売活動に生かすのは困難です。なぜなら、現場ではひっきりなしにお客様が来店し、その瞬間瞬間にとっさの判断で対応やセールストークをしなければなりません。仮にデータ分析によってお客様タイプ別のレコメンドアイテムが分かったとしても、よほどベテランの販売スタッフでもない限り、データを応用した販売方法の実現は難しいでしょう。入れ替わりが激しく新人スタッフが多い現場ではなおのこと、そもそも「データ分析」という言葉を知らないスタッフが大半を占めている場合、いくらデータ分析をしても簡単には浸透しません。

そのため、いくら店舗や施設を運営する側が「もっとデータを活用しよう！」とスローガンを掲げたところで、掛け声倒れに終わりがちでした。せいぜいやっていることといえば、売上上位の顧客に手書きのDMを送付することくらいで、「顧客を育成する」「離反顧客を引き戻す」といったことはあまり行われていません。

課題：時間がない、環境がない、分析者がいない

ここからが実際の事例になります。舞台は、大手小売店の衣料品売り場。その小売店自体が強力なブランド力を持ち、比較的富裕層のお客様が来店するポテンシャルがあったため、当時の私は「データをもっと活用すれば売上増になる可能性が高い」と確信していました。ただ、当時は分析担当ではなく売り場を管理する立場で、しかも売り場スタッフ5人で1台のPCを共有する環境で、まともに分析をする時間すらありませんでした。そのような、時間がない、環境がない、分析者がいないという環境で、どのように工夫してデータ分析プロジェクトを進めたかを、5Dフレームワークのステップに沿って説明します。

Demand：データ分析を行う目的を現場と共有する

まず現場で取り組んだのは、データ分析をすることによって実現したい目的の共有です。様々なメーカーから派遣されている現場の販売スタッフにとって、最大の関心事は「自社ブ

ランドの衣料品をいかに1つでも多く販売するか」です。販売スタッフはライバル関係にあるため、協力体制を築きにくいのです。いきなり「みんな協力し合って売上増を目指そう!」と言ったところで、自分事化されにくく、アクションにつながりにくいと感じました。

現場スタッフの手を煩わせずに事前に準備できる施策として、「店頭に並べる品ぞろえを変えれば、売上を伸ばせるのではないか」という仮説が浮かびました。そこで現場の販売スタッフに、「もし、お客様が求めている商品のトレンドや傾向の変化がひと目で分かるデータがあれば、店頭に並べる品ぞろえに反映できるか」と質問したところ、好意的な反応があったため、ひとまず目的を「最新の顧客ニーズを素早く把握すること」と定めました。この目的であれば、お互いコンフリクトすることなく、ある程度の協力が得られそうでした。

最初の目的は定まりました。次に考えるべきは、アウトプットイメージです。

Design:分析メニューを提示し、分析のイメージを握る

このケースの場合、「データ分析」をそもそも全く知らないスタッフがひと目で理解できるようなものにしなければなりませんので、見せ方に工夫が必要でした。複雑な多次元集計表などを作っても理解するのは難しいため、できる限り新たな知識を学習しなくても理解でき

るよう、直観的なアウトプットでなければなりません。

作成したのは、どのようなキーワードを接客中のお客様が発しているかをまとめ、その傾向変化と実際の商品売上がひと目で分かるグラフです。分析イメージのモック版のようなものを作り、販売スタッフに見せて説明し、「これなら分かりやすい」というところまで突き詰めました。

Data：データを収集する方法を検討する

目的とアウトプットの見せ方のイメージが決まった後、データをどのように集めるかという難問が待ち受けていました。調査会社を使う予算もなければ、お客様にアンケートをすることもできませんでしたし、社内データも自由には抽出できませんでした。できる手段は、「自分でデータを集める」ことだったのです。それには販売スタッフの協力が必要不可欠でした。

現場は日々のルーティンのオペレーションと接客に忙殺されていますので、販売スタッフにデータ取得の協力をお願いするのは非常に難しいです。そこで、売り場をじっくり観察し、データを取得する隙間を探したのです。

販売員業務可視化とデータ収集

まずは販売員の基本的なオペレーションを可視化

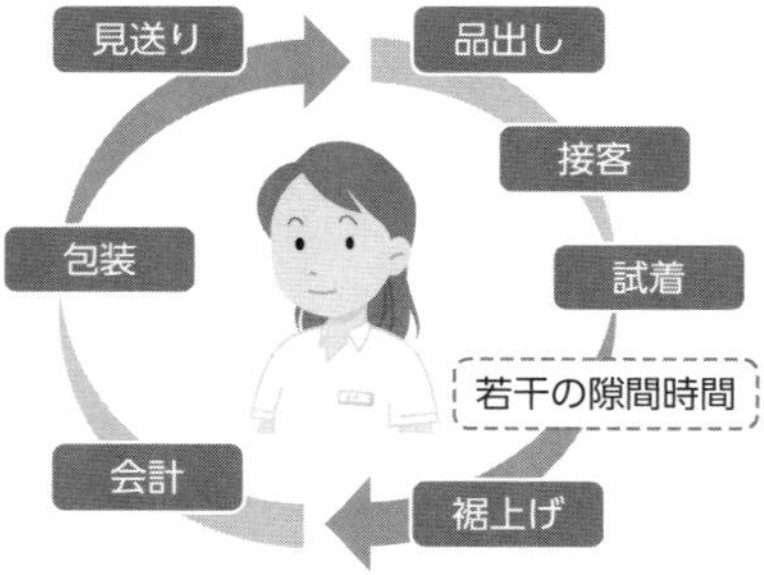

接客直後に10秒で記入できる調査票を配布

顧客年齢	10代・20代・30代・40代・50代・60代・70代以上
性別	女性・男性・その他
時間帯	AM・PM　11:00
ブランド名	Aブランド
目的	カラーパンツ
会話内容	「まだ種類が少ない」

2カ月間お試しで集計

図表1－1　販売スタッフのオペレーション

販売スタッフのオペレーションは、大きく次のようなサイクルであることが分かりました（**図表1－1**）。

①非購入客：品出し→接客→（試着）→見送り

②購入客：品出し→接客→試着→裾上げ→会計→包装→見送り

次から次へと訪問するお客様に対応する中、ほぼ隙間なくこうした作業をこなしていましたが、お客様が試着室に入っている数十秒間だけ、隙間時間があることが分かりました。そこで、お客様が試着している間に、お客様と会話した内容や年代（見た目）、性別、時間帯、ブランド名、目的のアイテムカテゴリーなどを10秒程度で記載できる、ごく簡単な調査票を各ブランドのカウンター横に置き、記載してもらうようにしました。当然、最初からすべての販売スタッフが実施してくれたわけではありません。リーダークラスのスタッフの協力を得ることができ、徐々に現場に浸透し、売り場全体で実施されるようになりました。

日中はPCをほとんど使うことができなかったため、終業後に調査票を回収し、1日数百枚にもなるデータを日々手入力してデータを蓄積していきました。周囲の社員からは、「一体何をしているんだろう」と懐疑のまなざしで見られながらも、自分のやっている行動には意味があると信じてせっせと入力作業を続けました。

Develop：現場に分かりやすい分析を選ぶ

使ったツールは、Excelと、RやPythonなどのオープンソースソフトウエアです。集めたデータをExcelに保存し、上記のソフトウエアを用いてテキストマイニング（自由記述部分の分析）し、Excelでグラフ化して表示しました。

販売スタッフに「小さな成功」を感じてもらうには、スタッフが接客中に集めたアンケートデータを目に見える形で表現することだと考え、自由記述をテキストマイニングし、キーワードを抽出してグラフ化したのです。当時としては、分析者以外はあまり見ることがない内容だったので新鮮に感じてもらえるはずと思っていました。

Deploy：アウトプットを共有し、施策として実行する

最大の壁は、データ分析のアウトプットを基に現場の施策として落とし込むことです。重要なのは、分析者が「現場を理解しているか」「現場を理解していることを販売スタッフたちに理解されているか」です。販売の現場には販売スタッフにしか分からないKKD（勘・経験・度胸）が満ちあふれています。そこで、普段から極力現場に赴き、実際に接客し、販売スタッフと同じ視野・視点を持つことを心掛けました。その結果、販売スタッフとある種の共同体意識を共有することができたので、いざ分析結果を理解してもらう際、比較的スムーズに現場の施策に展開することができました。

結果として、顧客ニーズにいち早く対応した品ぞろえを実現することができるようになったため、売上は拡大しました。売上という結果につながったという事実が販売スタッフのデータ分析に対する信頼度を高める結果となり、以後データ分析自体が現場で浸透するようになりました。

まとめ

「データ分析」という概念すらない環境で、データセントリックな施策を実践するのは多くの困難が伴いますが、工夫次第で費用をあまりかけずに現場を巻き込んでいくことが可能です。そのために必要なことは、（１）分析者が現場のＫＫＤ＋Ｄ（データ）をしっかり理解していること、（２）普段から現場スタッフとコミュニケーションをとって相互理解ができていることです。現場には多くのヒントとなる一次情報が埋まっています。そうした情報を決して軽視せず、分析者自ら取りに行く必要があります。

このあたりについては、筆者らの経験上、マーケティング系出身のデータ分析者の方は割と得意にしている領域です。マーケティング戦略ではＡＩＳＡＳやＡＩＤＭＡのようなフレームに沿ってマーケティングキャンペーンを実施することが多く、それは、データ分析プロジェクトを現場で浸透させていくことに似ています。具体的には、「①課題を認知させる→②データ分析による課題解決に興味・関心を持たせる→③新たなインサイトを一緒に発見・共有する→④施策を実行する→⑤さらに次の施策へ」といった流れになります。

データ分析者は、マーケティング戦略・思考を学ぶべきだと思います。それは、データ分析に役立つだけでなく、現場を巻き込むためにも有効だからです。

第2章

実践5Dフレームワーク

2-1 ステップ1 Demand

2-1-1 Demandステップの概要

2章では5Dフレームワークを詳しく解説します。まずはDemandステップ、分析プロジェクトの最初のステップになります。Demandステップで間違えてしまうと、プロジェクトは最初からやり直しになります。私（山田）自身、何度も「違うだろー!!」と怒られ、泣きそうになりながらやり直しをした経験があります。やり直しの時間をたくさん与えてくださった当時のお客様や、つきっきりで面倒をみてくれた上司に感謝してもしきれません。どの仕事でも最初が肝心ですが、こと分析プロジェクトでは、最初が特に重要です。

分析の価値とは何か。そこからお話しします。分析の価値とは、分析結果にあるのではなく、分析結果が意思決定者の背中を押すことにあります。分析結果を基に意思決定者が人・モノ・カネを動かしていく、ここに価値があります。分析の開始に当たるDemandステップでは、「どういう分析をすればビジネス的なインパクトのある結果を提示できるのか」を考えることが最も重要です。

ここで、有名なナイチンゲールの分析の話をします(注)。ナイチンゲールがクリミア戦争の看護活動に当たっていた頃、あることに気付きました。それは、戦争そのもので亡くなる人よりも、戦争でけがをした人が入る野戦病院で亡くなる人の方が多いことです。当時の野戦病院は衛生環境が悪く、病院でけがが重症化し、死に至ることが多かったのです。そのことに気付いたナイチンゲールは、野戦病院の衛生環境を改善するために、そうした状況を誰でも理解できるグラフを作ってデータを基に訴えたのです。この話から得られる教訓は、KKD（勘・経験・度胸）で訴求するより、KDD（データ分析の結果：Knowledge Discovery and Data Mining）を示した方が相手に伝わりやすいということだと思います。

注：https://www.stat.go.jp/dss/course/index.html

分析結果のレポートを報告したとき、相手が最もよく発する言葉は「で？　どうすればいいの？」でしょう。ここで止まってしまっては、分析の価値はないことになります。分析者は結果をレポートする際、「so what（だから何？）」「why so（なぜそうなの？）」を意識して書かねばなりません。分析をして分かったことから「どんなことが言えるのか」「どんなビジネスアクションにつなげられるのか」「それはなぜか」を徹底的に考えて、提案する必要があります。

駆け出しの分析者は、依頼を受けるとすぐに分析作業に着手してしまいがちですが、分析を始める前にやるべきことがあります。それは、「解くべき問題を定義する」ことです。それは、「コンサルタントの頭の中にしまい込まれていて名人芸と思われていたもの」(『論点思考』参照)と言われるくらい難しいものです。経験を積みながらスキルを磨いていく必要がありますが、落とし穴と具体的な手順を学んでおけば、基本的なことはできるようになります。

2-1-2 Demandステップの落とし穴

先に、Demandで待ち受ける落とし穴を説明します。

落とし穴にはまった例「入り口が違った」

私が分析担当者として、ある大企業の経営企画部門に派遣されたときの話です。マーケターの下で、Excelなどを使って集計・分析業務に携わっていました。ある日、「ブランドスイッチのモデルを構築してほしい」とオーダーを受けました。「シンプルなモデルで作ってほしい」という条件も付きました。ブランドスイッチとは、いつも購入するブランドを切り替えることを指します。例えば、いつもAというブランドの缶ビールを買っている人が、翌月にはBというブランドの缶ビールに切り替えるようなケースです。

当時、経験が浅かった私は、たまたま読んだ本に「ブランドスイッチ」のことが書いてあったことを思い出し、その本に書いている通りに「マルコフチェーン（コラム「マルコフチェーンモデル」参照）でシミュレーションし、こうやったらモデルができる。よし！」と息巻いていました。この分析プロジェクトで、私は失敗をやらかしてしまいます。

分析のオーダーを出したマーケターは、「その時の売上目標を達成するには、現実的ではない比率で競合他社から自社製品へのブランドスイッチが発生する必要がある」と言いたかったのです。要は、ブランドスイッチモデルを使って、無茶な売上目標になっていると社内を説得したかったのです。

そんなことも理解していなかった当時の私は、Ｅｘｃｅｌでマルコフチェーンモデルをしこしこと作り、適当に競合を1社と設定し、「シンプルなモデル」という発言を受けて、遷移する先を極限まで絞り込んだモデルを作りました。このモデル作りは手間でしたので、なかなか報告できずにいたところ、しびれを切らしたマーケターが「途中でいいから報告しろ」と言ってきました。

そこで作業している内容を説明したところ、「こんなモデルを作ってほしいではない」「自社と、競合A社B社との違いを知りたいだけだ」と怒られました。その後、「このモデルは0点。1点もあげられない」と言われてしまう始末。当時の日記を見ると、「『シンプルなモデル』という注文がなければ、競合の遷移も考慮したモデルを検討していたのに、シンプルという言葉を真に受けてしまった」との反省文が書いてありますが、今振り返ると、反省文すら的を射ていないことが分かります。

失敗の原因は明らかです。依頼者の要求を理解せずに分析を開始し、突っ走ってしまったことです。当時、マーケターから「目的を理解していないから、そんなトンチンカンなことするんだ。これから分析するときは、目的を目の前の机に貼り付けて仕事をしなさい！」と言われ、本当に机に貼り付けて仕事をしていました。分析プロジェクトの入り口を間違えてしまうと、必ず違った出口から出てくることになります。

コラム「マルコフチェーンモデル」

マルコフチェーンモデルとは、状態遷移を表すモデルです（図表２-１）。ブランドAを購入している人が、継続してAを買う比率＝ア、ブランドBに移行する比率＝イ、ブランドCに移行する比率＝ウ、として表わせます。ブランドB、Cについてもそれぞれの比率を設定することで、消費者が３ブランドの間をどのように遷移するのかをシミュレーションすることが可能です。

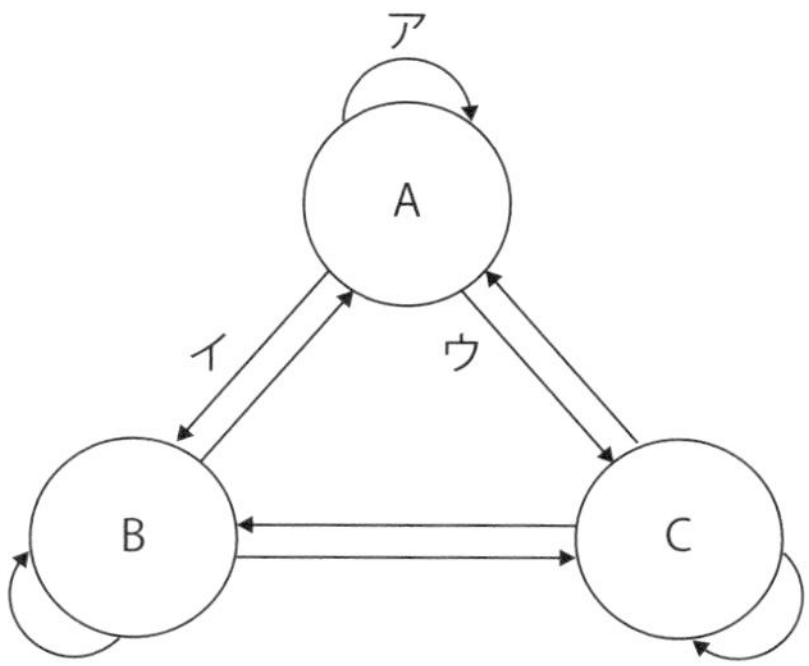

図表２－１　マルコフチェーンモデル

落とし穴にはまらないようにするには

分析の要望は曖昧なことが多いです。「○○が悪いから、売上が落ちているのではないか？」「こんなデータがあるから、こんなことができるのではないか？」という要望で、「分析してくれないか？」と頼まれることもあります。そうした要望を受けたら、自分の言葉で依頼事項を整理し、「何をアウトプットすべきなのか」を依頼者と相互理解します。そうすれば、落とし穴にはまるのを防げます。

ただ、「何をアウトプットすべきなのか」をつかむには、解決すべき課題の背景を分析依頼者と同じレベルで理解する必要があります。分析者の頭の中だけで答えを出せるものではなく、しっかり理解するまで依頼者にヒアリングするようにしましょう。

データ分析者がやりがちなパターンに、「よかれと思って要望を再定義する」ことがあります。私自身の経験として、「ＬＴＶ（Ｌｉｆｅ Ｔｉｍｅ Ｖａｌｕｅｓ：顧客が生涯の間にもたらす価値）を計算してほしい」と言われ、「特定の若い消費者のＬＴＶが短い理由」まで分析して報告した経験があります。結果を見せると、「そんなことを知りたいわけじゃない。集計値だけあればＯＫ」と言われたことがあります。

よかれと思って要望を勝手に再定義し、依頼者とコミュニケーションをとらずに進めた結果がこれです。もちろん、よかれと思ってやったことが喜ばれることもありますが、それはたまたまにすぎません。分析の価値は分析結果にあるのではなく、分析結果を基に依頼者が動くことにあることを忘れないようにしないといけません。

2-1-3 Demandステップの手順

Demandステップの具体的な作業を説明します。繰り返しますが、いきなり分析を開始してはいけません。分析の前に、以下の作業を実施します。

(1) これまでどんな分析をしていたかをヒアリングする
(2) 分析結果を基に何をしたいのかを理解する
(3) 課題の背景を理解するまでヒアリングする
(4) 分析方針を提案&合意する
(5) 期待値の調整

順に説明します。

(1) これまでどんな分析をしていたかをヒアリングする

最初にすべきことは、過去に分析した内容の確認です。分析のポイントはだいたい決まっているため、以前分析したことがあれば、前と同じことをしがちです。例えば、売上分析をする場合、「売上の8割は、全体の2割の商品が占めている」という理論があり、実際、そうなっているケースは少なくありません。そこで、その2割がどんな商品で、どういう理由で売れているのかという観点で分析することが多く、過去に分析した内容を確認しないと、頑張って分析しても時間の無駄になってしまいます。

(2)分析結果を基に何をしたいのかを理解する

分析の依頼には、それ相応の理由があります。分析結果を基に何をしたいのか、「分析結果をどういったビジネスジャッジに活用したいのか」を聞くようにします。そうすることで、間違った分析をしなくなります。

先に示したLTVの例のように、ただ集計値を期待されているだけの場合もあれば、要因まで知りたい場合もあります。どの粒度まで必要なのかを確認します。

(3)課題の背景を理解するまでヒアリングする

曖昧な要望の場合、背景を理解しないと間違った分析をしてしまうことになりますが、背景を理解するには依頼者と同じレベルで現状を理解しなければならず、そのためには関係各所へのヒアリングが必要になります。

（4）分析方針を提案&合意する

分析によって「何を目的にどう明らかにしていくのか」を明文化し、分析依頼者と合意します。簡易的な依頼なら大げさなものは必要ないかもしれませんが、「予測シミュレーションをしてほしい」とか「要因を知りたい」といった要望に応えるには、1カ月以上の分析工数がかかる場合があります。そうした場合、分析方針を提案し、合意しておくことが必要です。明文化する内容は次のDesignステップで詳述します。Demandステップでは、分析題目（お題）の合意形成をします。

（5）期待値の調整

Demandステップの最後は「期待値の調整」です。これは（4）の方針提案の一部という見方もできます。例えば「明日までに、当社グループ全体の年間の利益実績を算出してほしい」と依頼を受けたとします。これを達成するには、例えば次の3つ条件があります。

- 分析担当者のリソースに余裕があること
- グループ全体の年間の利益データがそろっていること
- 利益を計算するための計算式が定義されており、社内合意がとれていることただし、これらの条件がクリアされていることを分かった上で要望する人はまずいません。そのため、依頼を受けた場合、「どういう条件がそろえばその要望に応えられるのか」を整理した上で、「現状、ここまでの条件がそろっているので、明日までというのであれば、関東地域だけ利益を出せます」とか、「利益の計算式は、社内で統一化されていないので、売上だけであれば出せます」など、いくつか制限を設け、要望のハードルを下げるようにします。これが「期待値の調整」です。こうすることで、分析結果と依頼者の期待を一致させることができます。

2-1-4 Demandステップのまとめ

「はじめに」ではデータ分析を料理に例えました。料理で言えば、「何の料理を作るのか」「何のためにこの料理を作るのか」、もしくは「何のための食事会なのか」を考えて決めるのがＤｅｍａｎｄステップです。プロポーズをするための食事会と、日曜の昼下がりにお腹を満たすだけの食事では、チョイスするレストランも料理も変わってくるはずです。

データ分析で言えば、「クロス集計をしたものを月次報告するのか」、それとも「将来予測のシミュレーションモデルを作って社長にプレゼンするのか」によって、するべきことは当然変わってきます。これらを明らかにし、メンバー内で合意するのもこのステップです。

分析者として駆け出しの頃は、「言われたことを、言われた通りやる」という意識でいることが多いと思いますが、経験を積み重ねていくと、「言われたことをそのままやっても評価されない」ことがあり、分析者が分析題目を提案するケースが増えてきます。このステップは正解がなく、本当に奥深いステップだと思います。

2-2 ステップ2 Design

2-2-1 Designステップの概要

Demandステップで分析の方向性が明確になっているので、次は、「何のデータを基に」「どのように分析して」「何をアウトプットするのか」の計画を立てます。これがDesignステップです。要件定義をする作業とも言え、依頼者と分析者の間で、分析案件の内容について合意します。

「どういったグラフを出したらいいのか?」「結果を考察してビジネスアクションの示唆出しを含めたレポートを仕上げる必要があるのか?」などによって、分析作業に必要なデータや、作業時間が大きく変わってきます。

分析作業をやったことのある人は経験があると思いますが、分析作業にのめり込んでしまうと終わらなくなってしまうことがあります。「集計をしてみたら、こんなことが分かった、あのデータも加えて、追加分析してみよう」とか、「期間別で見たらこんな結果が出た。次は店舗属性別で見てみると、もっと面白い結果がでるかもしれない」などと、次々とアイデアが生まれ、楽しくなってくるのです。

仕事として捉えれば、決して褒められるものではありません。限りある時間と予算の中で結果を出すために、計画を立てるのがDes:ignステップです。

最終作成物（納品物）の定義

「何をアウトプットするのか」を決めるには、どのようなアウトプットがあるのかを知っておく必要があります。ここでは、納品物の種類について説明します。分析結果の納品物は次に大別できます。順に説明します。

（1）集計
（2）レポーティング（可視化）
（3）レポーティング（仮説検証）
（4）モデリング（予測）

(1) 集計

「集計」は、分析用のデータを基に、集計値を求めることです。Excelの機能で言えばピボットテーブルという機能を使った作業になります。例えば、1日の合計売上金額の推移や、都道府県別の合計売上金額、顧客の性年代別の合計購入金額を算出するのが集計です。

集計は、集計するデータの整理ができていれば簡単ですが、整理できていない場合や、そもそもデータが入手できておらず、これから入手する必要がある場合、骨の折れる作業です。

(2) レポーティング(可視化)

レポーティングは、集計値を基にした考察作業です。タピオカ店のデータ分析を例に、考察の流れを説明します。

【集計値を出す】⬇【事実(ファクト)を確認する】⬇【考察してインサイトを抽出する】

【集計値を出す】

20代女性の来店人数が10人、合計購入金が1万円であった場合、1人当たりの購入金額は1000円です。20代男性の来店人数が3人、合計購入金額が3900円だった場合、1人当たりの購入金額は1300円です。

【事実（ファクト）を確認する】

・20代男性よりも20代女性の方がタピオカ店に来ている
・20代男性よりも20代女性の方が合計売上金額は高い
・1人当たりの購入単価は、20代女性よりも20代男性の方が300円高い

【考察してインサイトを抽出する】

○20代男性よりも20代女性の方がタピオカ店に来ている
⬅男性より女性の方が、タピオカが好きなんだな
○20代男性よりも20代女性の方が合計売上金額は高い
⬅やはり、女性の方が、タピオカが好きなんだな
○1人当たりの購入単価は、20代女性よりも20代男性の方が300円高い
⬅女性の方が、単価が高い気がするが、なぜだろう？

これは、実際のデータを基にした実例ではありませんが、実際にデータ分析していると、「なぜ?」と不思議に思う集計結果に出合うことがあります。集計ミスではない場合、「なぜ?」の原因を見つけ、依頼者に説明すると、依頼者は「面白い」と満足してくれることが多いです。

(3) レポーティング(仮説検証)

(2)は可視化して考察するまででしたが、一歩踏み込んだ「仮説検証」まで報告する納品物があります。先ほどのタピオカ店をケースに、2つの仮説を立ててみます。

仮説A:男性の単価が高いのは、特に男性に人気の特別トッピングがあるから

仮説B:年配の女性は、若年の女性と比べあまり来店しないが、たまに来店したときにはたくさんトッピングして単価が高くなる

仮説を立てたら、(2)で説明した考察をもう1サイクル回します。この例では、仮説Aに対して「性別のトッピング別購入数量/1人当たり購入数量」を、仮説Bに対しては「性年代別の来訪頻度、単価」を算出し、仮説が当たっているかどうかを確認します。データが十分にあれば、最初は単純に平均値や合計が高い低いで判断してもよいです。

「（2）レポーティング（可視化）」は浅く広くデータを理解するのに有効で、仮説検証は、深いインサイトを抽出するのに役立ちます。なお、仮説をカテゴリー分けしてリストアップして整理すると、レポートするときに楽になります。今回の例では、性別の軸、年齢の軸でカテゴリー分けして仮説を立てるとよいでしょう。マーケティング用語ではセグメントと言いますが、セグメント別に仮説を構造化して整理すると、ビジネスアクションを検討するときにも役立ちます。

もし最初の集計前に「男性はタピオカを買っても、あまりトッピングせず、単価が安い」という仮説を立てていたら、実際に集計をすると男性の単価が高かったということを発見でき、仮説が外れることで分析は面白くなり、価値のあるインサイトに近づくことができます。仮説は書いておかないと、単純な集計値は素通りされがちです。

「そうか。男性が自分用に飲むのではなくて、デート中の女の子に買ってあげるためにちょっとトッピングを奮発して、単価が上がるのか」とか、「実は甘党の男性が一部にいて、ぜいたくな自分時間を楽しむために、トッピングを豪華にしたタピオカが求めているのか」とか、「いやいや意外と、時間が無いビジネスマンの10秒チャージ食になっているのではないか」とか、別の仮説が湧いてきます。そんな仮説を立証するために新たなデータの取得や、検証作業を行うことで、より分析が面白く、より深いインサイトに近づき、ビジネスインパク

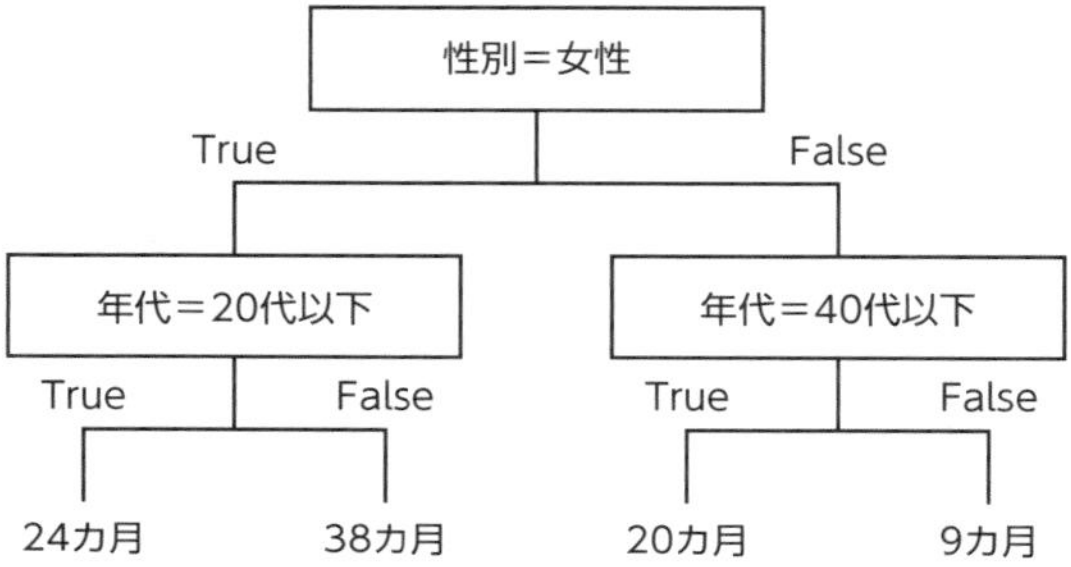

図表２－２　決定木（回帰木）

トを出せる施策立案につなげることができるのです。

仮説検証の詳しい内容は統計学の本に任せますが、男性のタピオカの購入単価よりも、女性のタピオカの購入単価の方が高いかどうかという問題は、「検定」や「分散分析」「回帰分析」という手法を使って検証します。そうすることで、誤差なのか、意味のある差なのかが判断できます。この「意味のある差」を「有意差」と呼びます。有意差とは、「誤差ではなくて、統計的に誤差を超えた差が出ていること」と理解しておけば間違いではありません。

（4）モデリング（予測）

納品物の最後に「モデリング」を説明します。モデリングとは構造化することです。タピオカ店の例でいうと、性・年代別の来店期間を予測するロジックを作ることです。

例えば、**図表2-2**のようなモデルです。これは「決定木（回帰木）」と言います。このようなツリー系のモデルは、どういった特徴を持つ人が、どういう傾向にあるのかを理解しやすいので、分析手法としてお勧めです。この図を見れば、どういった人にどのようなビジネスアプローチをかけたらよいのかが分かります。お客様の属性が分かれば、どの程度お店に来てくれるのかを予測できます。

ここまでで、分析のアウトプットと仮説の立て方について整理しました。一般的に分析は、仮説を基に集計し、仮説通りのところ・仮説と違うところを吟味することによって、実際にビジネスの現場で起きている現象を理解します。そうすることで、次の有効な打ち手を検討できるのです。

2-2-2 Designステップの落とし穴

Ｄｅｓｉｇｎステップでは納品物を決めます。依頼者の期待値と結果を合わせるわけですが、考えて見れば、まだ分析していないので、依頼者が期待する結果になるとは限りません。ここに落とし穴があります。実は、期待する結果にならないことは少なくありません。

分析依頼を引き受け、集計しても、さらに集計しても、何も出てこない、報告できるものはない、という経験をすることがあります。そんな時、依頼者から「何をそんなに分析に時間かけてんの?」と怒られるとつらいものがあります。

分析作業は、「データマイニング」と呼ばれることがあります。マイニングとは、ダイヤモンドなどの掘削作業を指す言葉です。掘ったところにダイヤモンドがなければ、違う場所を探して掘り続けます。簡単には見つけることができないものです。データ分析も、すぐに成果を出すこと(お宝インサイトを発掘すること)はとても難しいと思います。「こういう目的で、こういった分析したが、結果がでなかった」というのは普通です。ここで間違えてはいけないのが、結果が出なかったことにも価値があるということです。次の分析作業で分析する領域を区切ることができ(結果が出ない観点の分析を省略できる)、次に分析する人が同じ取り組みをしなくてもよくなります。次回のDemandの工程にフィードバックできるのです。

分析活動をして有効なインサイトが見つけられなかったときも、それを結論としてレポートし、そのレポートをいつでも・誰でも見られるように保存・整理しておくことが組織にとって重要です。分析作業の要件定義をすることによって、「このデータをこう分析した結果、何も分からなかった」という報告は意味があるのです。実際は、そのように資料が整理されていることは少ないのですが、もし誰かの後を引き継いで分析プロジェクトを引き受けるとしたら、前任者から「何もインサイトが得られなかった分析」について聞き出すことをお勧めします。

「何も分からなかった」という報告をするには勇気が必要ですが、データ分析とはデータマイニングであり、必ず有用なインサイトが見つかるものではありません。もし依頼者から「何も分からなかったなんてひどいじゃないか」と言われたら、右に書いたように、次の分析案件につながる話をしてみてはどうでしょうか。

2-2-3 Designステップの手順

Designステップで決めることは、「目的」「仮説」「データ」「手段」に整理できます。

目的の明確化

Demandと一部重複しますが、データ分析で最も重要なことは目的の明確化です。それはつまり、分析によって解消したい課題をはっきりさせることです。これを決めることで、分析の価値がプロジェクトメンバー全員で共有化され、より効果的にビジネスインパクトを生み出せるようになります。また、目的から入ることによって、目的を達成するために必要なデータをそろえることができるため、成果を出す上では必要不可欠な作業ステップになります。

仮説の合意

目的を明確にすることで分析するポイントが定まったら、仮説を構築します。タピオカ店の例のように仮説を示せると、依頼者との間で具体的に「何を分析するのか」の合意形成が容易になります。

データの合意

仮説の検証にはデータが必要です。データはあればあるほど分析できるテーマが増えますが、検証したいポイントを絞ることが重要です。売上の傾向を見たければ売上のデータが必要で、性年代別の購買傾向を見たければ、ＩＤ付きの売上データ（ＩＤ-ＰＯＳと言われたりします）が必要となります。

仮説を立証するためのデータが存在しなければ、新たにデータを取得する必要があるのか、代替できるデータがあるのかを確認し、「これだけの仮説に対して、現状はこのデータがあるので、ここまでは検証できる」ということを、このフェーズで明らかにします。

まずは、すぐにそろえられるデータ、予算や時間をかけないとそろえられないデータに分けて、目的を達成するまでには何が必要なのかを整理します。詳細は次章に記載します。

手段の合意

どんなデータを使い、どういう分析結果を出すのかを明確にします。この時、データの時間軸も明確にします。「分析してほしい期間はそこではない」という間違いは意外と多いのです。ビジネスによっては、「サービスローンチしたばかりの期間は分析に使えるような状況ではない」とか、「この期間は広告を打っていないから使えない」などの話が出てきます。そうしたポイントを箇条書きの資料にして、依頼者と合意します。

まずは、集計レベルでよいか、レポーティング（考察）も必要かを分析依頼者にヒアリングします。モデリングをする際は、精度を犠牲にして回帰分析をはじめとした説明可能なモデルを使うのか、説明を犠牲にしてディープラーニングのような説明不可のモデルを使うのか、などについても合意する必要があります。

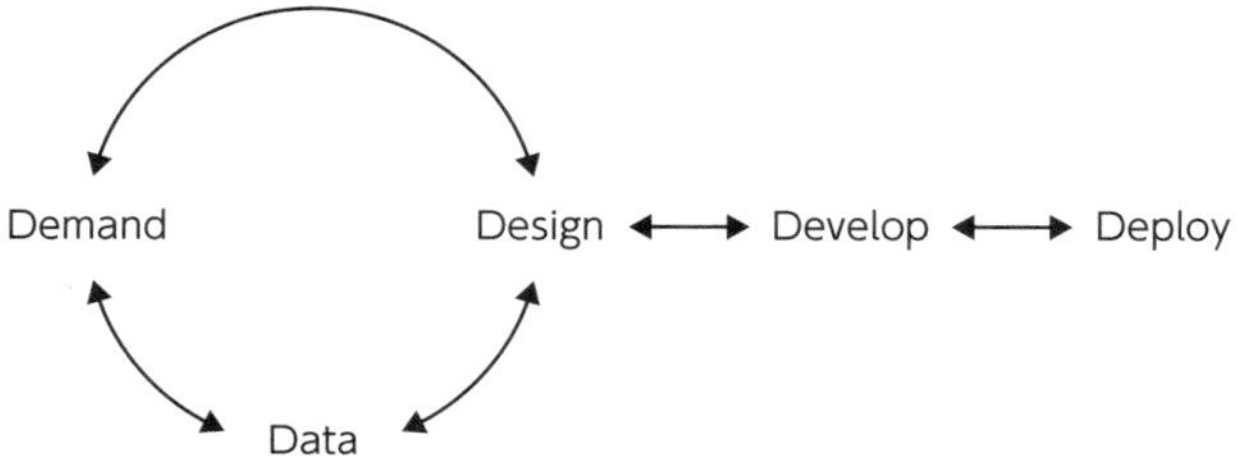

図表２－３　進み方のイメージ

2-2-4 Designステップのまとめ

目的を明確にし、仮説を明確にし、手段を明確にすることで、分析作業の骨格が決まります。こう書けば簡単なように思いますが、実はDesignステップは5つのステップの中で最も複雑なステップです。実際は、1つ前のDemandステップと、1つ後のDataステップとの間を行ったり来たりしながら、分析案件の骨格をつくることが多くなります。つまり、「分析依頼者のニーズ」と「締め切りまでの期間・人的リソース・他タスクとの優先順序付け」、そして「アクセスできるデータの条件」などを同時並行で確認します（**図表2-3**）。実務上は、次に説明するDataステップから案件が始まることが多いですが、Demandステップをおろそかにして進めると、手段の目的化が発生しやすく、分析案件が炎上しがちです。データがあるから分析を開始するのではなく、必ずDemandステップとDesignステップに立ち返りましょう。

さらに加えて、分析可能かどうかを判断するための簡易的な集計・分析もこのステップで行うこともあります。確認した結果、データが不足していて、分析課題を達成できないと判明した場合は、新たに予算を確保してデータを取得するか、予算がない場合は、それを代替する手段を考える必要があります。

2-3 ステップ3 Data

2-3-1 Dataステップの概要

Dataステップは、分析対象となるデータをどのように入手するかがテーマになります。Demandステップで要件が決まり、Designステップで仮説や手段が決まっても、データがなければ分析できません。実は、欲しいデータが手に入らずにプロジェクトが頓挫することは少なくありません。データを手に入れるには様々な壁があり、場合によってはデータを入手するまでに数カ月とか1年以上かかる場合もあります。

2-3-2 Dataステップの壁　データの入手

Dataステップで直面する壁を、「データの入手」と、「入手した後」に分けて説明します。まず、「データの入手」です。ここではデータにまつわる誤解を解いていきます。

データの誤解1　大量である必要はない

まずは、本当にデータは社内にないのか考える必要があります。ビッグデータ、データサイエンス、ＡＩなどの記事を読むと、「データとは大量にあるもの」という認識に陥ってしまいますが、そんなことはありません。データとは必ずしも大量である必要はなく、何を知りたいかによって適したデータの量が異なります。

例えば、天候から売上を予測したい場合、気温が高いときや低いとき、湿度が高いときや低いときなどのパターン、また気温と湿度の掛け合わせで気温が高くて湿度が低いとき、気温が高くて湿度が高いときなどの組み合わせのパターン、それ以外も風速や最高気温、最低気温、日照時間などそれぞれのパターンのときの売上データが必要となります。分析するにはそれだけのデータ量が必要です。

一方で、ある3ブランドについて消費者にとって最も好まれているブランドはどれかというのをアンケートから把握する場合、適正なサンプリングをしていれば、極端に言えば40人の回答でも、統計学の手法を用いることで意味のある結果を得ることが可能です。

このように、データが大量であることは、データ分析において絶対ではありません。

データの誤解2　データベースに入っている必要はない

また、データが大量に必要であること以外に、データについてもう1つ誤解していることがあります。それは、データ分析に用いる「データ」そのものの認識の違いです。

一般的に、データとは消費者の購買履歴、Ｗｅｂの閲覧履歴、顧客情報などをイメージすると思います。もしくは、日々の売上や在庫管理の履歴をイメージする方もいるかと思います。何かしらのデータベースに保管されているデータのみをデータだと捉えることが多いかと思います。確かにそれらもデータですが、それ以外にも社内には実はたくさんのデータがあります。例えば、営業社員が日々入力している営業日報、日々の電話などの問い合わせ内容、日々Ｅｘｃｅｌで計算している収支報告、それだけでなく社内外とのメールや、長年ためてきた紙の契約書や伝票も有効なデータとなり得ます。もちろん、それらを分析するにはそれなりのスキルやツールが必要となりますが、それらも「データ」であり、分析可能であると認識することが重要です。

そう考えれば、「そもそも社内にデータが全くない」ということはありません。今や業務においてＰＣや携帯電話・スマートフォンなどを誰もが使っているので、そこには何かしらのデータが確実に存在します。

例えば、以下のようなものは、すべてデータです。

- 契約情報、購買履歴、顧客情報
- 収支管理データ、日々の納品・在庫管理データ
- 問い合わせ・クレームデータ
- 人事データ、オフィス環境の気温・湿度などのデータ
- 機械の稼働状況のログ
- 気象データ
- 政府統計・Ｗｅｂページの閲覧履歴
- アンケートの回答結果

データを分析する際に「データがない」というのは、実は本当にデータがないのではなく、しっかり保存されていないことも含めてデータを抽出する方法を持ち合わせていないことで挫折するパターンがほとんどです。

世の中にあるデータ

何がデータなのかを理解した上で、それでも目的を達成するために必要なデータが社内に

なければ、社外のデータを入手することで解決できる場合があります。例えば、過去の日々の気温や風速などの気象データは気象庁で無料公開されています。データを有料で提供している企業もたくさんあります。

一例として、マーケティング調査会社はモニターを集め、モニターからデータを収集しています。具体的には、PC、モバイル、TVなどのメディア接触ログ、意識・実態のアンケート、日々の消費者の購入商品をまとめたデータ（シングルソースパネルデータ）、携帯電話の位置情報から得られた移動履歴を統計情報としたモバイル空間統計データなどがあります。

また、自社になくても、取引先にある場合も少なくありません。自社がメーカーで小売り販売していない場合消費者の購買履歴データは自ら所有していないことがほとんどですが、自社商品を販売してもらっている小売り取引先になら購買履歴データがあるはずです。ただその場合、取引先の営業担当者に依頼し、許諾をもらい、個人情報保護法に抵触しないように配慮する、など様々な壁を乗り越える必要があります。自社で適したデータを所有していない場合、データを取得するまでのハードルが高く挫折してしまうことがよくあります。

その代わりの方法として、アンケート調査という形でデータを取得する方法があります。

現在、Ｗｅｂアンケート調査を実施するサービス提供会社がたくさんあるので、質問内容の設計ノウハウは多少必要ですが、簡単に行える環境はそろっています。

所有者からデータを集める際の注意点

他部署などからデータをもらう場合、注意したいのは、データ保管形式はバラバラである点です。Ｅｘｃｅｌファイルで管理されているデータなら、「こんなデータが欲しい」と言えば通じやすいですが、購買履歴データや機械の稼働状況ログなど数百万行になるほどの大量データの場合は専門的な知識が必要になることがあります。データ管理担当者から「ＡＣＣＥＳＳやらデータベースやら」と言われ、専門用語のオンパレードでコミュニケーションがうまくとれず欲しいデータがとれないなんてことはよくあります。

データ保管形式は統一されたものはありませんが、一般的に、顧客情報や契約情報を社内システムで管理している場合、ＲＤＢ（リレーショナルデータベース）というデータベースに管理されています。リレーショナルデータベースについての詳細は別書籍に委ねますが、２-３-３でデータの取得方法を説明します。

2-3-3 Dataステップの壁　入手したデータ

ここからは、データが入手できた後の話になります。データを入手できたとしても、まだいくつかの壁がありますのでそれらを順に説明したいと思います

データ列が何を示しているのか分からない

データはあるものの、各列が何を示しているのか分わからないことがよくあります。そうした場合、「データ定義書」と呼ばれる資料を入手します。データ定義書とは、表形式で表される各列にはどういうデータが入っているのか、各列のコード値は何を示しているか、どういった形式（数字で入力されているか、文字で入力されているかなど）なのかを説明した資料です。ただ、「データ定義書」が必ずあるとは限りませんし、データ定義書があったとしても、最新の状態であるとも限りません。そうなると、データ自体から解釈していくしかありません。

また、日本語で列名が定義されていても、本来の意味合いが分からないことがよくあります。例えば、「支払合計」という列があった場合、データが蓄積されるたびに合算されていく合計なのか、それとも、1回ごとの合計なのか分からないことがあります。列名を決めた人

は業務を想定して列を用意したと思いますが、その列を用意した人と業務内容が異なれば、意味合いが異なっていきます。具体的にその列名の意味を示す参考情報の資料がなければ、そのデータを実際に使っている人に聞くのが望ましいです。

分析しにくいデータ1　データが入力されていない

データがあっても、「そのままでは分析しづらい」というケースは少なくありません。1つ目は「データが入力されていない（列項目はあるけれどそこには空欄ばかりしかない）」というパターンです。

なぜこのようなデータがあるかと言えば、その情報がなくても業務に支障がなかったからです。例えば、最近ではスーパーマーケットやコンビニエンスストアがポイントカードを発行していることが多いかと思います。この場合、来店客が購入するたびにポイントカードを読み取るため、各来店客の購買履歴データが保存されていきます。このデータを使えば、どういった属性の人がどういうものを買っているかを分析できます。ただし、ポイントカードを新規に発行する際、顧客の利便性に配慮し、すぐに使えるようにして、性別などの属性情報は後からウェブなどで入力してもらうケースがあります。ポイントカード利用時には性別・年齢がなくても全く支障がないので、属性情報がいつまでたっても空欄のままになりやすいです。

また、ポイントカードのデータは、たとえ属性情報が入力されていたとしても、その属性の人が購入していないケースがあります。もちろん、入力内容が間違っているケースもありますが、たとえ正しくても、1枚のポイントカードを複数人で使うケースが少なくないからです。本人かどうかを確認するために、ポイントカードの性別・年齢をレジ画面に映して防止するといった利用方法があるかもしれませんが、短時間の会計処理で済まさなければならない場面でそのようなことをいちいちやっているゆとりはありませんし、かえってレジ待ちの時間が長くなって顧客満足度が下がってしまいます。

データが入力されていない場合、それを補う手段はないのが実情です。

分析しにくいデータ2　データの定義がバラバラ

データが入力されているものの、入力のされ方がバラバラということもよくあります。例えば、自動車の「車種」を入力する欄があったとします。保有している自動車が「トヨタ　プリウス　タイプE」の場合、入力のパターンとしては「プリウス」「トヨタ　プリウス」「プリウス　タイプE」というように様々なケースがあるでしょう。

契約駐車場で車種を登録させる場合「プリウス」と書いていれば問題ないですが、自動車修理工場なら「プリウス　タイプE」まで入力されないと、必要な部品を調達できないかもしれません。データを入力する担当者にとって、自動車の名前を何のために入力するかがわかっていればどこまで入力すべきかが分かりますが、必ずしも理解して入力しているわけではなく、まわってきた書類をそのままPCに入力したり、電話でかかってきた情報をそのまま入力したりするといったパターンもあり得るため、入力者次第で情報量が変わっていきます。人が入力する場合は必ず起こり得る問題です。入力時に制限しすぎると担当者の本業（お客様への対応など）がおろそかになってしまい、非効率になる可能性もあります。

解決策としては2つあります。1つは曖昧な入力をできなくする方法です。具体的には、車種名を選択肢から選ぶ、メーカー名やタイプは別の枠に入力させるという方法です。もう1つは、分析時のデータ加工で対応する方法です。前者は本書の範囲を超えてしまうので、本書では後者について次のDevelopステップで解説します。

分析しにくいデータ3　文書データしかない

文章で記載されたデータしかないというパターンです。例えば、顧客のニーズを把握するために、お客様の要望が書かれたデータを見つけたものの、それらはすべてお客様が自由に文章で記載されたアンケートなどといった場合です。こういった場合、合計や平均値を計算するといった分析（定量分析）はそのままでは難しいのですが、解決方法があります。

1つは件数がそれほど多くなければ、その文章データを1文ずつ50～100件程度読みます。すると、だいたいどういった内容のカテゴリーが多いのかが分かってきます。そこで、そのカテゴリーを書き出して、残りの文書は目視でどのカテゴリーかを判断して分類していきます。正確に行いたいのなら、同じ文書を3人でそれぞれ分類し、3人中2人以上同じカテゴリーであったものを採用します。1000の文章をいずれかに分類すると、1000件分のカテゴリーが振られたデータとして定量的に分析することが可能です。

もう1つは、テキストマイニングというデータ分析手法を用いる方法です。とても文章量が多く、目視によって分類するのは不可能な場合に有効です。テキストマイニングでは、どういったパターンが多いのかを統計に基づき自動的に分類できる手法もあります。テキストマイニングを簡単に行えるツールがあるので、そうしたツールを使うとよいでしょう。

テキストマイニングを使う際に気を付けることは、まず、すべての文章を見なければならないのかを判断することです。例えば、お客様の要望の種類として多い上位3つを見つけるなら、ランダムに選んだ500くらいの回答を目視で分類できれば、だいたいの傾向がつかめると思います。一方で、回答者の中から優良顧客を50人探すといった場合はすべての回答を読まなくてはならないため、その回答数が1万あった場合は、テキストマイニングなどの技術を使う必要があります。

ふさわしくないデータ

せっかくデータを入手したものの、実はそのデータは分析対象としてふさわしくないケースもあります。例えば、スーパーマーケットのお菓子の購買履歴データを分析し、どういったユーザーがどのお菓子のジャンル（チョコレート、和菓子、ポテトチップスなど）を好んでいるかを調べるとしましょう。40代女性のポテトチップスの購入率が高いという結果が得られたとして、40代女性がポテトチップスを好んでいると結論付けられるでしょうか。必ずしもそうとは言い切れません。なぜなら、スーパーマーケットに来店する40代女性は自分のために買うこともあるでしょうが、子供が好きだから買っている可能性があります。そうすると、ポテトチップスを好んでいるのは購入者の子供の世代ということになります。

スーパーマーケットの担当者なら、実際に購入するのは「40代女性」なので、「40代女性のポテトチップスの購入率が高い」という分析結果は有用です。一方で、お菓子メーカーの新商品担当者ならどうでしょうか。この分析結果から結論付けてしまうと、本来なら子供向けのポテトチップスを開発すべきなのに、40代女性向けのポテトチップスを開発してしまいかねません。このように、目的（商品陳列の変更で売上アップを狙うか、新商品開発をするか）によっては、スーパーマーケットの購買履歴データは分析対象としてふさわしくないとなるのです。

2-3-3 Dataステップの手順

Ｄａｔａステップは、次の3段階で進めます。

（1）目的達成に必要なデータを検討
（2）入手可能なデータを洗い出す
（3）データの入手依頼

（1）目的達成に必要なデータを検討

目的を達成するためにどんなデータが必要かを検討するには、①そもそもどんなデータがあり、②それぞれのデータから何が分かるのかを押さえておく必要があります。どんなデー

種類	概要	例
ログデータ	機械の動作、状態を示したもの、人の行動を記録したもの	工場のセンサーデータ、移動履歴、購買履歴、閲覧履歴、メール、SNS
自己申告データ	契約などの目的のために申告された情報が記録されたもの	アンケート、申込書データ
記録簿系データ	業務管理のために、人が能動的に記録をするもの	収支管理、コールセンター、日報

図表2－4　データの種類

タがあるかを押さえる際のポイントは2つ。1つは「データの種類」、もう1つは「生データか、加工されたデータか」です。

人が記録した情報のすべてがデータと言えますが、データ分析の観点で分類すると、ログデータ、自己申告データ、記録簿系データに分けることができます（**図表2－4**）。日報のように自由記入している文書もデータとしてつかんでおきます。

データ分析に使えるデータは、必ずしも「記録された状態のままのデータ」（＝生データ）である必要はありません。それらを一度集計したものでも、データ分析に足り得るデータであるケースは少なくありません。例えば、毎月業務成績のために報告書としてまとめる際の1カ月の部内の収支報告書も、過去数年続けば、そこから平均的にどの月に売上がよくなるか、どういうイベントがあると収支が改善するのかを把

目的	適したデータ例
商品やサービスのターゲットの発見	購買履歴データ
出店計画のための出店場所の評価	モバイル空間統計データ
商品やサービスに対する使用者の評価	SNS（ソーシャルリスニングデータ）、アンケートデータ
機械の異常の事前検知	機械のセンサーデータや稼働状況のログデータ
家電製品の稼働状況の把握	IoT センサーのログデータ
品質向上のための不満の発見	コールセンターの会話データ
業績が良い営業活動のパターンの発見	営業日報

図表2－5　目的ごとのデータ

握することが可能となります。

また、各支店の1カ月ごとの収支報告書が過去数年分たまっているとしたら、各支店をいくつかのエリアにまとめて、どのエリアでどの季節に収益がよくなるのかといった「エリア×時期」と収益の関係性が把握できます。

これらのデータによって、どういうことが分かるかについて、例としていくつかの目的ごとに整理した表がこちらになります（**図表2−5**）。目的によって必要なデータが異なりますので、こうした整理をした上で、目的達成に必要なデータを検討します。

(2) 入手可能なデータを洗い出す

次は、必要と判断したデータを入手する段階です。

先述したように、必ずしも最適なデータが得られるわけではありません。Ｄｅｓｉｇｎステップでも記した通り、予算や時間をかけないとそろえられないデータがありますので、入手可能なデータを整理していく必要があります。入手可能なデータを洗い出すには、その内容と同時に入手しやすさについても考慮しながら優先度を立てていく必要があります。基本的に入手のしやすさの基準は、「許諾の手間の少なさ」「ステークホルダーの少なさ」「データの管理方法」「無料で手に入るかどうか」によります。

「許諾の手間の少なさ」とは、データを入手するために許諾を取らなければならない対象が少ないことを意味します。例えば、自社工場のセンサーデータなら自社内で利用する分には担当部署から許諾を得るだけで済みますが、小売り取引先の会員カードの購買履歴データの場合、各会員から利用許諾を得なければなりません。この場合、新たに各会員１人ひとりに許諾を得る必要があり、時間もコストもかかってしまいます。データを利用するに当たって許諾の手間が少ないかどうかは、入手しやすさの１つの基準になります。

「ステークホルダーの少なさ」とは、たとえ社内のデータで許諾なく利用できる状況にあっても、データを入手するまでに介入する担当者が多いと、それによって時間がかかる場合があります。データを所有している部署は分かったものの、その部署に問い合わせると、「データの管理はＩＴ部門が管轄なのでまずはそちらに問い合わせてほしい」と言われ、そのＩＴ部門に連絡すると「そのデータを利用するにはコンプライアンス部に確認する必要がある」と言われ、コンプライアンス部から利用許諾を得たら、実際のデータの保管はグループ子会社で扱っているので、そちらとの調整が必要で、そのグループ子会社からはデータを入手するための作業申請書が別途必要なので、社内の部長以上の承認が必要となり・・・、といったように、社内のデータであっても様々な部署が関わる場合があります。この場合も、社内の各担当者の動きが遅い場合が多いので、時間がかかります。一般に、ステークホルダー（関連する部署や担当者）が少ない方がデータ入手しやすくなります。

一方、データを販売している企業からデータ入手する場合、お金はかかりますが、それらの企業と年間契約を結べば、その企業サイトにログインするだけで自由にデータを取り出せるような仕組みが用意されている場合が多いので、そちらの方が比較的早くデータを入手できる場合があります。

「データの管理方法」は、データ分析のために利用しやすいデータの形として整えられているかどうかを意味します。例えば、リレーショナルデータベースにデータが保管されていれば、データを抽出することは簡単です。しかしながら、紙の資料しかない場合は、ＰＣなどでデータ分析するには、1件1件Ｅｘｃｅｌなどに手入力して電子データ化する必要があります。

部門	所有データ例
広報部門	サイトの訪問履歴
営業・販売部門	収支、決済、苦情データ、顧客データ
総務・人事部門	人事データ、社内の環境に関するデータ
製造部門	製造機械のログ、機械メンテナンスのログ
研究開発部門	実験検証データ
IT 部門	上記データをデータベースで管理

図表２－６　社内にあるデータの例

「無料で手に入るかどうか」は、欲しいデータを誰が所有しているかによります。社内のデータであればほぼ無料で入手可能でしょう。また、社外のデータでも、国の統計局が出しているデータなどはほぼ無料で手に入ります。民間のデータでも利用範囲が限定されているものの、その範囲内で入手可能なデータもあります。一方、料金形態は様々ですが、有料データはデータ所有企業から購入する必要があります。これらについては後ほどまとめて説明します。

ここまで説明したデータの入手しやすさは、事前に分からないケースが多く、例えばデータを所有する部署に連絡したら、たらい回しにされ、入手手続きが予想以上に面倒だったということがあります。このため、スケジュールを立てる際は、こういった点を考慮する必要があり、そのたびにスケジュールを書き直すか、いきなりすべてのデータを入手することを目指すのではなく、すぐに利用可能なデータでまずは次のステップに進める方法もあります。

無料データ	国勢調査	統計局（e-statというサイトから取得可能）
	人口推計	
	国民生活基礎調査	
	商業統計調査	
	交通センサス	国土交通省など
	気象データ	気象庁など（気象会社にて販売されているものある）
	地図データ	国土地理院など
有料データ	モバイル空間統計	docomoモバイル空間統計など
	購買履歴	マクロミル（QPR）、インテージ（SCI）など
	Web履歴	ヴァリューズなど
	業界調査レポート	矢野経済、富士経済グループなど
	企業経済情報	SPEEDAなど
	企業信用調査データ	帝国データバンク、商工リサーチなど

図表2－7　社外にあるデータの例

参考までに、一般的な企業では部門ごとにどんなデータを持っているか、また、社外にはどんなデータがあるかを整理します。まずは、社内データです（**図表2－6**）。

社内データはいろいろな形式で保管されています。購買履歴データのような日々自動的に記録されるデータは、データベースに素早く入力、検索、集計できるような仕組みが構築されていることが多いですが、一方でデータによってはＥｘｃｅｌ形式やＣＳＶ形式（カンマ区切りのデータで、Ｅｘｃｅｌやメモ帳などで開くことができる）のものもあります。まずは所有・管理している部署を探し、Ｅｘｃｅｌ形式やＣＳＶ形式で保管されているならファイルごとにもらい、データベースなどに保管されているなら管理担当者に依頼してデータを取り出してもらう手配が必要となります。

次は、社外データです。無料もあれば有料もあり、他企業が持っているデータ、国や地方公共団体が持っているデータなど、様々です（**図表2-7**）。

有料データの料金は、月額、年額などのものも含め数十万円から数百万円のものまであります。それなりのお値段がするため、立ち上げたばかりの部署ではほとんど予算がなく、手が出せないことが多いです。そのため、なるべく無料で手に入るオープンデータでできるところまで分析してみて、それでもデータが必要なら、データ所有企業から購入するとよいでしょう。その場合、サービス提供企業によりますが、次のようにすれば料金を抑えられる場合があります。

・一部の地域・時期のデータに限定する
・データの行数を減らす

データ分析をこれから始めようという場合、いきなり全国のデータはいらないことが多いです。例えば、いくら全国展開している企業だったとしても、シェアを大きく獲得できている地域とそうでない地域があることが多く、シェアを新たに奪いたい地域について、データ分析を使って知りたいのなら、その地域だけのデータに絞ってもよいと思います。ただしその場合、可能なら比較するために同等の規模（人口や経済規模）のシェアを獲得できている地域もあるといいです。

また、データの種類によりますが、消費者の購買履歴などの人に関するデータの場合、その人数を減らすことで、データの使用料を減額してもらうという手もあります。100万人のデータがあればだいたいすべての消費者の動向が分かるかもしれませんが、まずは自社商品の購入率が知りたいなどの場合、人口分布に合わせて1000人くらいのデータがあれば、よっぽど売れていない商品でなければ、大体の傾向が分かります。

(3)データの入手依頼

次は、データを入手する際の手続きについて説明します。意外な感じがするかもしれませんが、社内と社外の場合、社外の方がスムーズで、社内の方が面倒なことが多いです。

社外の場合、データ販売企業や統計局のデータなどの場合は、ある程度データ提供を前提にしているので、入手までの手続きや契約方法などが確立されており、比較的スムーズに行えます。一方で、社内の場合、データ提供を前提にしているケースはまれですので、社外ほどスムーズにはいきません。そこで、社内のデータ依頼方法について説明します。

利用するための許諾や社内の承認手続きは企業ごとの規定に従いますが、データを入手するとなると、相手先の部署などに対して、データ抽出などの一定の作業が発生します。これまでデータを部署間でやりとりしている企業ならスムーズに進みますが、あまりそういったことをこれまでやってきていない場合、他部署のメリットにならないことに対しては消極的になります。直接的にウチの部署の業務を増やすなと言う人もいれば、「やっておきます」と言いながら何も反応がなくなかなかデータが来ないなんてことがあります。

各部署の長の間で連携が取れれば、スムーズに進みます。その際、事前に「その部署にとってどういったメリットがあるのか」を明確にして、伝えることをお勧めします。例えば、データを管理していることが多いシステム部門は、あくまでも社内システムの安定的維持が主眼であるため、自分たちが保管しているデータによって、マーケティングや経営戦略に活用できるといった価値を評価しきれていないことがあります。そこで、その部門のデータを活用し、経営判断に役立てられることによって、システム部門の価値を向上できると説明することで納得してもらえるかもしれません。

データを入手依頼することに対して、担当部署の長から承諾を得られたとします。次は、担当者にどういったデータを抽出してもらうかを明確に伝える必要があります。それらはデータ形式によって、抽出依頼の方法が異なります。

Ｅｘｃｅｌファイルによるデータであれば、そのファイルごともらっても構いませんが、何かしらの作業のために作成したファイルであるため、場合によっては属人的な方法で入力しているので何のデータなのか分からないことがあります。これらについてはそのファイルを作成した担当者から説明してもらうほかありません。

一方、顧客情報や契約情報を社内システムに入力できるようになっている場合、ＲＤＢ（リレーショナルデータベース）というデータベースに管理されています。この場合、次に示す３つのステップがあります。

ＳＴＥＰ１　データ定義書を入手する
ＳＴＥＰ２　どういったデータが欲しいかを伝える
ＳＴＥＰ３　データ受け取り方法を確認する

ＳＴＥＰ１　データ定義書を入手する

データベースを構築した際、どういったデータの形なのか、各列には何を格納しているのかについて説明しているデータ定義書（もしくはテーブル定義書）を作成しているはずです。まずは、それを担当者から入手してください。担当者に「〇〇データに関するデータ定義書（もしくはテーブル定義書）をください」といえば通じます。その中から、目的に必要な列名があるかどうかを探してみてください。例えば、対象商品のターゲットを探すためにポイントカードの購買履歴データを入手しようとした際は、「顧客ＩＤ」「商品名」「日時」「購入数」「価格」「顧客の性別や年代」があると、対象商品をよく買っている性別や年代が想定できます。

データ自体の入手は時間がかかりますが、データ定義書はＥｘｃｅｌファイルやＰＤＦなどであることが多いので、すぐに送ってもらえることが多いです。その資料を見れば欲しいデータがあるかどうかが分かるので、データ抽出依頼をしてデータをもらったものの欲しいデータがなく使えなかったという両者にとっての不幸を回避できます。

ＳＴＥＰ２　どういったデータが欲しいかを伝える

どういったデータが欲しいかの伝え方次第で、データ入手までの時間が短縮できます。まず知っておきたいことは、データベースからデータを抽出するには、システムに負荷がかか

データベースには「テーブル」と呼ばれるデータが複数に分かれて入っています

列と呼びます（「入会日」の列と表現したりします）

顧客テーブル

顧客ID	入会日	性別	生年月日
1000	2020/1/1	女	1991/5/10
1001	2020/1/2	男	1951/10/30
1002	2020/1/3	女	2001/2/1

行と呼びます

各テーブルには
2つのテーブルを結びつけるための列（キー列）がある

購買履歴テーブル

購入日	顧客ID	購入商品	個数	売上	店舗コード
2020/5/1	1000	キャベツ	1	¥80	A1
2020/5/2	1000	卵	3	¥200	A1
2020/5/2	1000	牛乳	1	¥150	A1
2020/5/2	1001	じゃがいも	1	¥90	A1
2020/5/2	1001	にんじん	1	¥80	A1

店舗マスターテーブル

店舗コード	開店日	場所
A1	2020/1/1	○○市
A2	2020/4/2	△△区
A3	2020/2/3	××町

ある列のコード値を示す内容をまとめた表をマスターという事が多いです

図表2－8　一般的なデータベースの構造

るということです。常に社内のどこかでデータ入力や検索がなされているため、データ抽出の負荷によって、そうした処理が遅くなるのは避けねばなりません。そのため、業務時間外など特定の時間に少しずつ抽出することになり、データ入手までに時間がかかってしまうのです。

そこで考えるべきは、不要なデータを外してデータ入手を依頼することです。データベースに含まれるデータは業務上必要な列

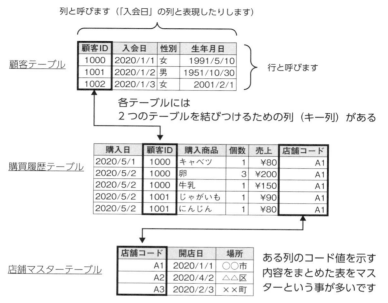

項目がたくさんありますが、それら全部がデータ分析で必要なケースはまずありません。必要な列項目を限定して抽出を依頼するだけで、大幅に抽出時間を短縮できる可能性があります。そのためにも、データベースにはどのようにデータが入っているのかを理解すると比較的頼みやすくなります。

ＲＤＢは一連の情報を複数のテーブルに分けて格納している場合があるので、必要なデータの抜けがないようにしないといけません。例えば**図表2-8**は、顧客・購買履歴・店舗の情報を管理している一般的なデータベース構造です。ここで、「欲しいデータは購買履歴データ」と判断して、「購買履歴テーブルのデータが欲しい」と依頼すると、顧客に関するデータが含まれないことになります。Ｅｘｃｅｌに慣れている人からすると「なぜわざわざ別の表にデータを分けるの？」と感じるかもしれませんが、ＲＤＢとはそういうものなのです。

その他、これはなかなかデータ管理の担当者でないと分からないのですが、業務上不要になったデータや更新される前のデータもデータベースに残されていることがあり、それを知らないと間違ったデータを集計してしまったり、二重に集計してしまったりすることがあります。そうしたデータは「更新日時」や「論理削除フラグ」といった項目で判断できることが多いので、データを抽出する際、こうしたデータ項目の意味をデータ管理の担当者に確認するようにします。

慣れてくれれば、ＲＤＢのアクセス権限をもらって、データベースを直接扱えるようにさせてもらう手もあります。ＳＱＬなどのデータベースを操作するための言語を理解する必要がありますが、データ定義書だけでなく、実際のデータで確認できるようになります。

ＳＴＥＰ３　データ受け取り方法を確認する

最後は、データの受け取り方です。大量のデータの場合、添付できるファイルサイズに制限があることが多いので、メールではまず受け取れません。社内システムがある程度整備されていれば、社内の誰もがアクセスできる共通フォルダへ保存してもらう方法がありますが、それらが整備されていない場合は、社内規定上問題なければ、クラウドサービス（ＧｏｏｇｌｅＤｒｉｖｅ、Ｄｒｏｐｂｏｘなど）を利用したり、ＵＳＢや外付けハードディスクに入れてそれらを送ってもらったりする方法があります。

また、データをもらった後、自分のＰＣや共有サーバーに移すことになりますが、ＰＣや共有サーバーのスペックが低く（ハードディスクの容量が少ないなど）、「データをもらったけれど保管するところがない」ということもあります。データを入手する際、もらうデータ量、受け取り方法、どこに保管するかについて、事前に確認、調整しておくようにしましょう。

2-3-4 Dataステップのまとめ

実際にデータを入手し、データ分析に使えるようにするまでには、様々な障壁があります。具体的には、そもそもデータを入手できない、入手するに当たって組織の壁がある、データを入手したものの利用に適さない、分析するまでにデータの処理がいろいろと必要になる、などです。それらの障壁をクリアしなければなりません。

Ｄａｔａステップの作業手順を復習しておきましょう。

（１）目的達成に必要なデータを検討
（２）入手可能なデータを洗い出す
（３）データの入手依頼

（１）は、Ｄｅｓｉｇｎステップにおける整理を基に具体的にどういったデータが必要なのかを整理します。そして、（２）において、入手可能なデータが社内、社外それぞれどのようなものがあるのかをピックアップします。（３）では、社内であればその部署とのデータ抽出に至るまでの交渉手続き、社外であれば予算内で可能なデータをいかに取得できるかを進める必要がありました。

Ｄａｔａステップ全体を通して言えるのは、なるべく早くデータを入手し、次のＤｅｖｅｌｏｐステップに進むことです。なぜなら、Ｄｅｖｅｌｏｐステップに進んでデータを分析した結果、「再度データを抽出したほうがよい」となることが多いからです。完璧にデータをそろえてから次に進むより、まずは入手しやすいデータで分析を始めたほうがよいのです。

2-4 ステップ4 Develop

2-4-1 Developステップの概要

ここまでの説明で、目的に合ったアウトプットがイメージでき、社内外の協力も得られ、データを入手することができました。材料もそろったところで、Ｄｅｖｅｌｏｐステップではデータ分析を実施します。

料理で言えば実際の調理であり、一番楽しいステップで、「バリバリやるぞ」という意気込みをもって臨むことが多いでしょう。ただ、Ｄｅｖｅｌｏｐステップをうまく進めるには、ツールや環境を適材適所で使いこなすことが大事になります。高度で高価なツールを用意しようということではありません。料理で言えば、魚をさばくために高級な包丁を買ったもののさばき方が分からないとか、スチームオーブン機能が付いた高機能電子レンジを買ったものの結局電子レンジしか使わない、といったようなことがあると、結局お金が無駄になってしまいます。

データ分析でも、分析に必要な技術や知識と、それを行うためのツールとのバランスが重要です。料理の分野では初心者でも簡単にできる魚の三枚下ろし専用のピーラーがあるそうなのですが、とりあえず三枚下ろしだけできればよいのなら、そのピーラーを手に入れればよいのです。これからデータ分析を始める場合は、まずはDesignステップで検討したアウトプットイメージを実現するのに適したツールや環境をそろえてデータ分析を始めることをお勧めします。

2-4-2 Developステップの落とし穴

最小のライセンス、ミニマム機能で始める

一般的な「データサイエンティスト」は高度なプログラミング力を駆使するイメージがあると思いますが、近年はデータ分析に対するニーズが高まって、高度なプログラミング力がなくてもデータ分析が行えるツールが増えてきています。市販のツールは利用者数に応じて金額が変わるサブスクリプションタイプのサービスであることが多く、これから分析を始めるなら、まずは最小のライセンスにすれば、最小限の金額で利用することが可能です。

ツールを探すときに注意したいのは、「ＡＩで自動分析します」的なツールです。そうしたツールを否定するつもりはなく、とても優秀なものもたくさんありますが、これからデータ分析を始めてみようという段階では不要なことが多いです。最初に使うツールは、データをどういうふうに加工して、どうやって集計・分析しているのかが分かるものが良いと思います。

まずは手を動かすこと

データ分析でありがちなパターンは、頭でっかちになってしまうことです。ビッグデータ・ＡＩブームもあり、たくさんの書籍が出ていて、いろいろな分析手法などが解説されています。それらを読むと勉強になりますが、理論を理解することとそれを使うことは別です。大事なことは、理論を理解するのと同時に、ＰＣを操作するなどして、手を動かすことです。そうした方が効率的に学べ、挫折しにくくなります。

AIはブラックボックスになってしまう

先述しましたが、最近の分析ツールには「自動数値予測機能」というものがあり、入力すべき値と予測したい値を決めれば、勝手に最適な予測モデルを作成し、それなりによい予測精度の結果を出してくれる機能があります。こうした機能のデメリットは、どういった関係性での予測値に至ったのかが分からなくなりやすいことです。つまり、「ブラックボックス」になってしまうのです。

例えば、商品の売上は、様々な要因が絡んでいます。値段、商品パッケージ、質などの商品自体の要因、どういったエリアのお店にどのくらい納入されているか、どの店の位置に陳列されているかといった売り場の要因、どのくらい広告がなされているか、どういった内容の広告かといった広告の要因、景気や流行、税金などの環境の要因など、実に様々な要因によって、その商品の売上が決定されます。しかも、その要因同士が複雑に絡み合っています。そうした状況で、「自動数値予測機能」を使って将来の売上を予測した場合、複雑な要因を絡めて高い精度の予測結果は得られますが、、複雑に組み合わせられてしまうため、結局何がその売上に効いているのかが分からなくなってしまいます。

将来の売上予測をしたいのではなく、売上を増やすには課題がどこにあって、どこをどのように改善すべきなのかを把握し、担当部署が施策を打てるようになりたいといったことが実際の業務には多いかと思います。そう考えれば、ブラックボックスになってしまう「自動数値予測機能」は適さないとなります。売上が下がったとき、それは広告のせいなのか、店舗のせいなのかがはっきりしないと、広告の担当者も店舗の担当者も何もできなくなってしまいます。

「自動数値予測機能」が役立つのは、要因が分からなくても予測できればよいという用途の場合です。例えば、体の動きで危険人物かどうかを特定するとか、離脱しそうな会員を特定するといった用途です。こうした用途では、要因が説明できなくても問題ありません。「自動数値予測機能」は適した場面で使うようにしましょう。

ここで「自動数値予測機能」と書きましたが、これは近年一般的に言われている「ＡＩ」とほぼ同義です。データ分析に関していろいろ調べ始めると、「〇〇ＡＩソリューション」や「〇〇ＡＩツール」といったサービスに接することになると思います。これらは便利そうだから使うのではなく、Ｄｅｍａｎｄ、Ｄｅｓｉｇｎのステップに立ち戻り、これらのサービスが適しているのかどうかを判断しないといけません。決してＡＩサービスを使わない方がよいと言っているわけではありません。ただ、初心者のうちは、集計など分かりやすい分析で足場を固めてから、これらの予測機能を使うことをお勧めします。

アクション案が理想論でしかない

データ分析結果に基づいて次のアクションを導き出す場合、自分が担当したことのある業務なら、現場を知っているので無理な提案することはないと思います。しかしながら、自分が携わったことのない他の部門の業務を分析する場合、その担当部署の現場の実情が分からなければ、つい理想的な提案をしてしまいます。

例えば、過去のデータから、マーケティング施策を変えたときの売上を予測する場合、机上ではいくらでも条件を変えてシミュレーションできるので、すべてのマーケティング施策を実行したら売上が最大になるという提案をしてしまいかねません。これは極端な例ですが、「コストが大幅にかかるマーケティング施策を実行すべし」という提案をしてしまうことは意外とよくあります。そんなときは担当者から「そんなことは分かっている！　それができないから困っているんだ！」と怒られて終わってしまいます。この例で言えば、売上とそれにかかるコストのような相いれない関係（トレードオフ関係）の要素を入れ、ベストの提案だけでなく、ベターな提案も入れておくことで、その先の議論に進めるようになります。

数字だけが先行してしまった！

データ分析の結果を報告する場面でよくあるのは、ある数値だけが先行して広がってしまうことです。例えば、「ある施策を実行しても、それによる効果が○％しか上昇しません」と上長に報告した際に、その予測に至る前提条件や精度の部分は無視され、○％という数値だけが他部署に伝達され、その施策に関わる担当者から直接データ分析者にクレームが来ることもあります。ある程度高い精度が得られているのならば、その数値からベストな施策を提案すること自体会社のためになるので問題ないのですが、ここでの問題は伝わり方です。

実情を表す数値ならそれほど問題になりませんが、予測値はあくまでも可能性なので、報告する際は注意が必要です。そうした場合、予測値の数値に着目するのではなく、Aという施策とBという施策がある場合、どちらがより良い施策であるかという意思決定をするための相対的な評価値として報告する方法があります。

社外に依頼したがうまくいかない

最近は、データ分析業務を代行してくれる企業があります。「データを活用してなにかやれ」と上長から厳命を受けると、ついデータ分析の専門家がそろっている社外の企業に依頼したくなりますが、実は失敗することが少なくありません。自社も依頼した企業もお互い時間とお金だけ使って何も成果がないとか、報告書ができたもののそのまま書棚にしまわれて埋もれてしまうなど、不幸な結果に至ることが多いです。

もちろん、データ分析会社に依頼すると必ず失敗するわけではありません。データを活用して解決すべき課題が不明瞭など、問題は得てして発注側にあります。自分1人がデータ分析の担当者になってしまったら、一緒に手伝ってくれる仲間が欲しくなります。しかしながら、いきなり頼まずに、まずは自分で、本書で提案している5Dフレームワークを一通り実行してみることが望ましいです。そうすることで、どこまでが自分でできて、どこが自分ではできないかが明らかになるからです。そうすれば、どの部分を社外に依頼すべきかが明確になり、最適な企業を選ぶこともできます。

社外に依頼するときも、丸投げはいけません。自分ではできない技術を見極めて、そこだけ頼むようにすべきです。例えば、文章データを分析できる形にすることができないなら、その作業のみ社外に依頼するといったことです。そうすることで、余計なコストを減らすことにもつながります。

社外に依頼した場合の失敗パターンには、次のようなものがあります。

・役割分担が曖昧で、どこまで自社でどこから分析会社がやるのかがはっきりせずにプロジェクトが進んでしまう
・結論が実現不可能か、当たり前の結果しか出なかった

・「精度よく予測できます」という提案だったが、実際行ってみるとあまり精度が上がらなかった

最後のケースは、分析会社側の技術不足の要因と、自社側から提供できるデータがあまりない（もしくは渡せない）ことで十分な検証ができなかったという要因があります。

社外に依頼するときの注意事項

社外の分析会社に依頼する際の注意事項を紹介します。

まず、分析会社の営業担当者の言うことをうのみにしないことです。「すべてはできない」と思いながら話を聞いておいた方がよいです。最初は、こちらがどういった課題があるのかを明確に伝え、それらの解決に導く提案を依頼します。もし、自社のデータを使うのなら、データ定義書やサンプルデータを渡し、より具体的な提案を求めます。提案の際に分析に詳しい担当者と直接話ができれば、質問して具体的にどういったことができるのかをしっかり聞いておくのがよいです。

「AIを使って何でもやります」という会社は注意した方がよいです。データから現状の把

握や要因を見つけたい場合は、AIを使わなくても結果が得られるので、そういった幅広い提案ができるところを選択した方がよいです。

以下、社外に分析を依頼する際のポイントを整理したので参考にしてください。

・自社の課題を明確にする（仮説があればしっかり伝える）
・データを用意し、事前にサンプルデータを渡す
・どういった分析方法を用いるのか、アウトプットイメージを明確にしてもらう
・時間がかかりそうな作業はその内容を確認する
・スケジュールと役割分担を明確にする

2-4-3 Developステップの手順1　分析の環境を整える

Developステップでは、次に示す5つを順番に実施します。ただ、これらは（1）から（5）まで1回通れば終わりというわけではなく、特に（3）（4）（5）をぐるぐる回りながらデータ分析と議論を繰り返し、結論の精度を高めていきます。

（１）分析の環境を整える
（２）データチェック
（３）データの加工・分析
（４）結果を見せる際のストーリーを作る
（５）可視化ツールを使ってデータを見せながら議論する

本項では、「（１）分析の環境を整える」について説明します。データを無事に入手できても、道具がなければ何もできません。料理で言えば、キッチンも調理道具もない状態です。まずは、分析するための環境を整えます。基本はＥｘｃｅｌです。データ分析といっても、行うことはテーブルと呼ばれるデータを組み合わせて計算することが基本的な作業になるので、テーブル＝表を計算するソフトであるＥｘｃｅｌはデータ分析を行うための１つのソフトなのです。ただし、Ｅｘｃｅｌですべてのデータ分析が簡単にできるわけではありません。そこで、まずはＥｘｃｅｌを使うのにふさわしいこととふさわしくないことを整理します。

誤解がないように書いておきますが、データ分析と呼ばれる作業のほとんどはＥｘｃｅｌを使って実施することは可能です。Ｅｘｃｅｌの高度な関数を組み合わせたり、Ｅｘｃｅｌマクロと呼ばれるプログラミングを組み合わせたりすれば、たいていのことはできます。ただし、それらを使いこなせるようになるには時間がかかるので、初心者はデータ分析の専用ツールを使った方が得策です。

目安として、以下の1つでも当てはまれば、データ分析専用ツールの導入を検討した方が望ましいです。

○データ行数や列数が数十万を超える場合
理由：Ｅｘｃｅｌではデータ量が多くなると計算速度が遅くなる

○多変量解析やテキスト分析を行いたい場合
理由：一部の多変量解析（回帰分析など）は分析ツールを使えばＥｘｃｅｌでも可能だが限られている

○様々な条件でグラフをたくさん作り、グラフの各要素がどういったデータがあるのかを素早く確認したい場合
理由：Ｅｘｃｅｌの場合、テクニックが必要

○地図などに集計結果をマッピングするなど、いろいろな可視化の表現をしたい場合
理由：基本的なＥｘｃｅｌのグラフでは限界がある（アドインと呼ばれる有志が作成したＥｘｃｅｌで動かせる可視化ツールを使うとできないことはないが利用するまでのハードルが少し高い）

Ｅｘｃｅｌの主なメリットは、データを見ながら集計できる点と、ＰｏｗｅｒＰｏｉｎｔやＷｏｒｄと連携できるので資料が作成しやすい点です。データがそこまで多くなく、集計すべき項目が少ないときはＥｘｃｅｌで十分です。他にも、次のようなときはＥｘｃｅｌが適していると思います。

・データを確認しながらデータ加工したい場合
・ピボットテーブルによるクロス集計で事足りる場合
・ＰｏｗｅｒＰｏｉｎｔに貼り付けることをメインにしたグラフ作成や編集（そこまでたくさんグラフを作らないとき）

データ分析ツールはたくさんありますが、用途によって適したツールのタイプがいくつか分かれています。主に集計（件数を数える、平均や最大値などを求める）がメインで、グラフ

を工夫したい場合は「可視化分析ソフト」、集計だけでなく、ユーザーを分類したり、予測したり、要因を見つけたりしたい場合は「統計解析ソフトウエア」、主に予測だけがしたい場合は「機械学習自動化ソフトウエア」を導入するのが望ましいです。とはいえ、いろいろなことをしたいが故に、すべてを一度に導入する必要はありません。それぞれライセンス料（最近では買い切りではなく、年額いくらといった定額制が多い）がかかるので、予算が足りなくなります。データ分析の知識やレベルによりますが、これまでデータを使って社内で意思決定したことがないのなら、まずは「可視化分析ソフト」を導入してデータの可視化から始めることをお勧めします。

2-4-4 Developステップの手順2　データチェック

データを入手したら、データ分析に利用できるかどうかをチェックします。ただし、データ分析をしないと分からないことも多いので、ここでは最初の段階でチェックすべき項目に限定して紹介します。次に示す項目をチェックし、もしおかしいところがあれば、データ分析を始める前にデータ抽出担当者に再抽出を依頼します。

・データの鮮度・偏り具合・粒度を確認する

・データ量を確認する
・データ形式を確認する

データの鮮度・偏り具合・粒度を確認する

ここ数年の傾向を調べたい場合、10年前のデータだけもらっても意味がありません。分析の目的に合ったデータがあるかどうかを確認します。ポイントは「鮮度」「偏り具合」「粒度」です。

1つ目の「鮮度」は、「いつ取得されたデータなのか」です。前提として、目的に応じていつのデータが必要なのかを明確にしておく必要があります。例えば、現状のユーザーの傾向を確認したいのならば、業種によりますが直近1年位のデータが必要でしょうし、商品の売上と季節の関係性を見たいのならば、年によってばらつきがあるため、平均的な各季節の傾向を知るためには少なくとも過去10年くらいのデータが必要になります。このように、まずは目的に合ったデータの期間を確かめます。そのためには、購入日などの日付ごとに何件あるかを集計します。この場合、年ごと（2018年、2019年、2020年…）、年月ごと（2018年1月、2018年2月…）、年月日ごと（2018年1月1日、2018年1月2日…）で件数を集計することをお勧めします。これは、データがどの日付から十分集計できる量があるのかを確認するために必要となります。分析の目的のためにそれが十分な期間でなければ、データ抽出を依頼した担当者に確認する必要があります。

次に「偏り具合」についてです。「偏り」とはデータがある集団に偏っていることを示します。例えば、渋谷で歩いている人にのみ現内閣を支持しているかどうかをインタビューして、日本全体の内閣支持率は○○%ですといっても、「若者だけの意見だろ」「渋谷という限定された地域の意見だろ」となります。データが対象をしっかり捉えるだけのデータ量（例えば対象としたい年齢や居住地などの消費者の数が大量にいるかなど）があるかどうかを把握しておく必要があります。これは、対象としたい年齢が決まっているのなら、その年齢の人がデータにどのくらいいるのかを集計してもよいです。または、データがどのように取得されているのかをデータ管理者やそれらのデータ使っている人に聞いてみるとよいかと思います。

最後に「粒度」についてです。例えば、新卒就活生がどういったものを欲しているかをデータから明らかにしたいとき、そのデータの年齢の項目には20～30代、40～50代、60代以上の3つの区分しかなかったらどうでしょう。「20～30代」に絞って分析を始めるかもしれませんが、それでも20代後半以上の社会人がたくさん含まれている可能性があり、実態と合わない結果が出てくる可能性があります。このように、分析したい軸（年齢別など）に対して、十分な粒度（1歳刻みにデータがあるかなど）があるかどうかを確認する必要があります。これには、その対象とする列の各区分の件数（先述の例で言えば、年齢の列）を集計すれば、どんな区分なのかが分かります。もしくはデータ定義書があればそこで確認することも可能です。ただし、粒度がとても細かくあることは必ずしも良いことばかりではありません。その点については後述します。

データ量を確認する

データの量とはデータの行数を示します。どのくらいの行数があるのか、データを入手したら最初に確認します。ただし、Ｅｘｃｅｌでは約１０４万行（Ｅｘｃｅｌ ２０１０以降）以上あるとファイルを開けないこともあります。データベースから抽出したデータの場合、担当者から事前にどのくらいの行数があるのか教えてもらうとよいでしょう。

一方で、自社の契約数が１００万人くらいいるはずなのに、もらったデータには１万件しかないとなったら、データ抽出者側でデータの量を制限しているか、抽出方法が違う可能性があります。データの量を制限していても分析することは可能ですが、何かしらの条件を付けてデータを抽出していたら全体を捉えた結果にはならないので、イメージした行数でなければ、担当者に抽出方法を改めて確認しましょう。

データ形式を確認する

基本的にデータ定義書があれば、データ内の各列が数値なのか、文字なのかといたデータ形式を把握できます。データ定義書がない場合は、数行でいいので実際に取り出して、各列のデータ形式を確認するようにします。

2-4-5 Developステップの手順3　データの加工・分析

アウトプットイメージの再確認

いよいよデータ分析を実施しますが、その前に、いま一度どんなアウトプットにするのかを具体的にイメージします。どういうグラフやクロス集計表（どの項目とどの項目を掛け合わせるか）を描こうとしているのか、数値は適当な値で構いませんので、絵に描いてみるとよいでしょう。PCを使わずに紙に手で描いたり、ホワイトボードを使ったりするのがよいです。一緒に考えてくれるメンバーがいれば、ホワイトボードでアウトプットイメージを共有しておくと、独りよがりにならずに済みます。

具体的なアウトプットイメージがあり、こんな仮説に対してそこに入る値としてこんな結果が出るとよいという期待値が入っていると、どんな結果が望ましいかが明確になります。

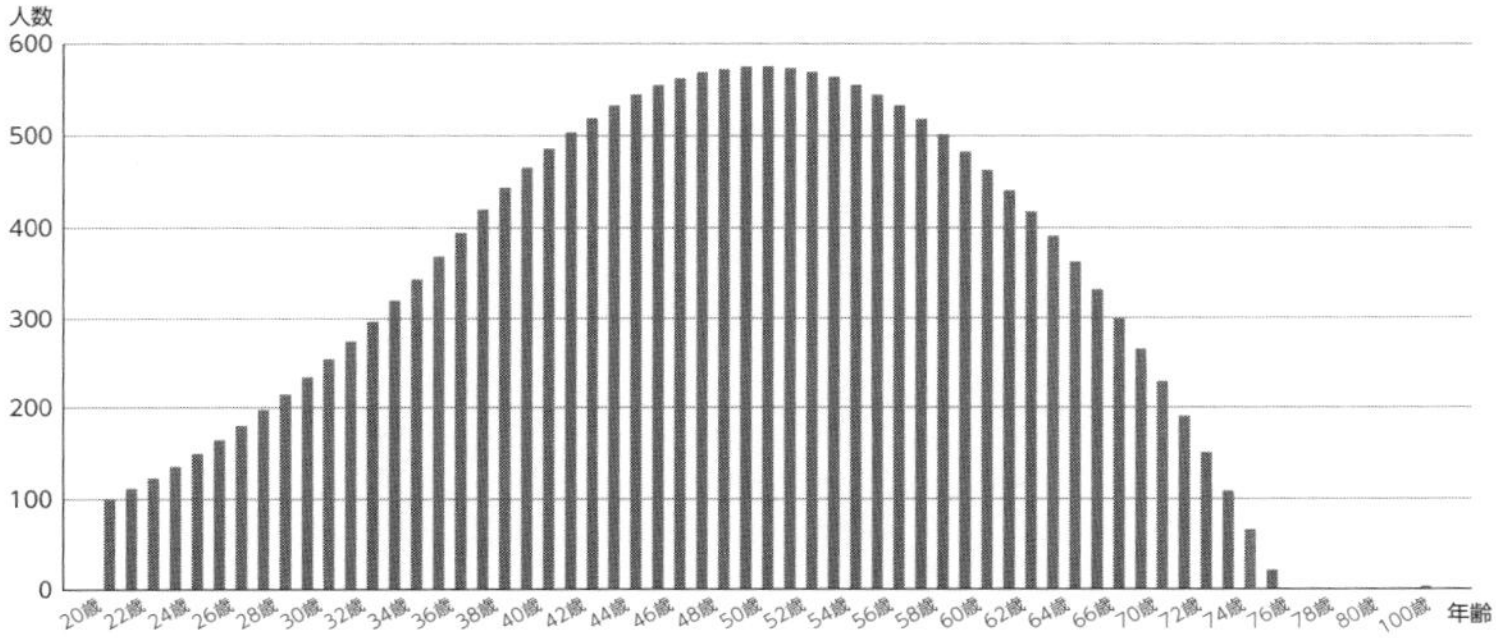

図表２－９　ヒストグラム

また、そうならなかったとしても、集計間違いや、何か新しい発見などに気付けるようになります。

データの加工

クロス集計表で２つの項目を掛け合わせるなどの際に、集計結果を見えやすくする場合は、なるべくクロス表の縦の項目数も横の項目数もそれほど数が多くないほうが見栄えが良く、解釈しやすくなります。そのためには、以下の手順を行うとよいです。

ＳＴＥＰ１　データの分布を見る

見たい項目の各区分がどれだけあるかを確認します。**図表2-9**のような分布グラフ（「ヒストグラム」と呼ぶ）を作成して確認します。

ＳＴＥＰ２　外れ値を除く

件数が1件や2件など、極端な値は除きます。また、見るからに現実的でない値は、恐らく入力間違いなので除きます。例えば、他のデータは20歳から60歳なのに、1人だけ100歳とか、年齢が10万54歳になっている場合です。そうしたデータは取り除きます。

STEP3　まとめられそうな範囲をまとめる

項目の区分が多すぎると見えづらく、各区分の件数が少ないと傾向が分からなくなるので、まとめられそうな範囲をまとめます。例えば、10代と20代の比較をするなら、1歳刻みよりも10歳刻みにした方が分かりやすくなります。年齢ならば10歳刻みなどが一般ですが（あくまでも業種のターゲットによります）、いくつにまとめればよいか分からない場合は、多くて5～7つくらいに分ける、件数が多い上位10位くらいまでにするとよいでしょう。

データ分析には「マイニング」と「予測」がある

ようやくデータ分析です。ここまで来るまでに、データ分析で何ができるかのイメージはついてると思いますが、今一度整理してみたいと思います。データ分析の方向性には、大きく分けてデータマイニングと予測モデリングがあります。

データマイニングとは、マイニング＝採掘という単語が表しているように、データから金脈を発見するという意味から「データマイニング」という言葉が生まれました。データから意思決定につながるような重要な要素を見つけるのがデータマイニングという方向性です。具体的には、現状を把握したり、どんなタイプがいるのかを明らかにしたり、原因を発見したりすることにつながります。

もう1つの「予測モデリング」とは、様々なパターンから将来を予測することを意味します。「ＡＩ」はこちらに使います。ＡＩの定義によりますが、最近様々な企業から「○○ＡＩソリューション」と呼ばれているものの多くは、「２００１年宇宙の旅」で出てくるＨＡＬやドラえもんなどのようなＡＩとは異なり、この「予測モデリング」をベースにしています。つまりデータ分析の一分野にすぎないことを覚えておくとよいかと思います。

データ分析で何ができるかを大別すると以下の通りになります。それぞれ、詳しく説明します。

【データマイニング】
データ分析１　集計の可視化による現状把握
データ分析２　どういったタイプがあるか把握

データ分析3　生じている事象の要因を発見
【予測モデリング】
データ分析4　新たな対象の判別やある条件を付与したときの予測

データ分析1　集計の可視化による現状把握

「利用者全体の平均的な購入金額はいくらなのか」といった現状の状態把握、「各年代で対象商品を購入している割合はどのくらいなのか」「エリアごとに違いがあるのか」という比較を行うための分析です。区分（購入商品ごとや年齢ごと、エリアごとなど）を分けて、その件数や平均値などを求めることになります。

ある1つの列を対象にその中の区分を比較する1次元の集計、クロス集計表と呼ばれるある2つの列を対象にその区分間の関係性を比較する2次元の集計、3つの列以上を対象にした3次元以上の集計などがあります。

集計結果をどう見せるかが「データの可視化」というテクニックになりますが、年代×性別のように2次元以下の集計で両者の区分も少ないようなら表の形でよいと思います。一方、3次元以上の集計はグラフを使った方が分かりやすくなります。また、全商品別や都道

1次元の集計表
(1つの要素の集計)

年代ごとの件数

年齢	件数
20代	100
30代	112
40代	125
50代	137

2次元の集計表
(2つの要素の関係の集計)

性別×年代の利用者数のクロス表

	男性	女性	合計
20代	50	50	100
30代	80	32	112
40代	25	100	125
50代	78	59	137
合計	233	241	474

3次元の集計表
(3つの要素の関係の集計)

各支店の利用者数と敷地面積と、
売上のグラフ

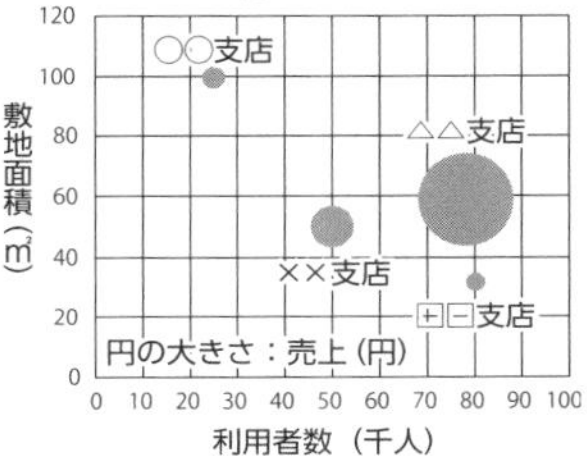

図表2－10　可視化の例

府県別など区分が多いときは件数が多い上位10位や上位件数が多い10%などに絞ると分かりやすくなります(図表2−10)。

データ分析2　どういったタイプがあるか把握

マーケティングや業務改善において、消費者や従業員といった主に人を分析対象にした場合によく行われるのが、タイプ分け(セグメンテーション)です。「データ分析1　集計の可視化による現状把握」を進めると、なんとなくこういう消費者のタイプがいるのではないかと気付き、いくつかのタイプに分類してその違いを把握したくなります。

以下では、タイプ分けの方法を4つ説明します。

タイプ分け1　複数の列の区分を組み合わせる

例えば、性別と年代を組み合わせて、10代男性、10代

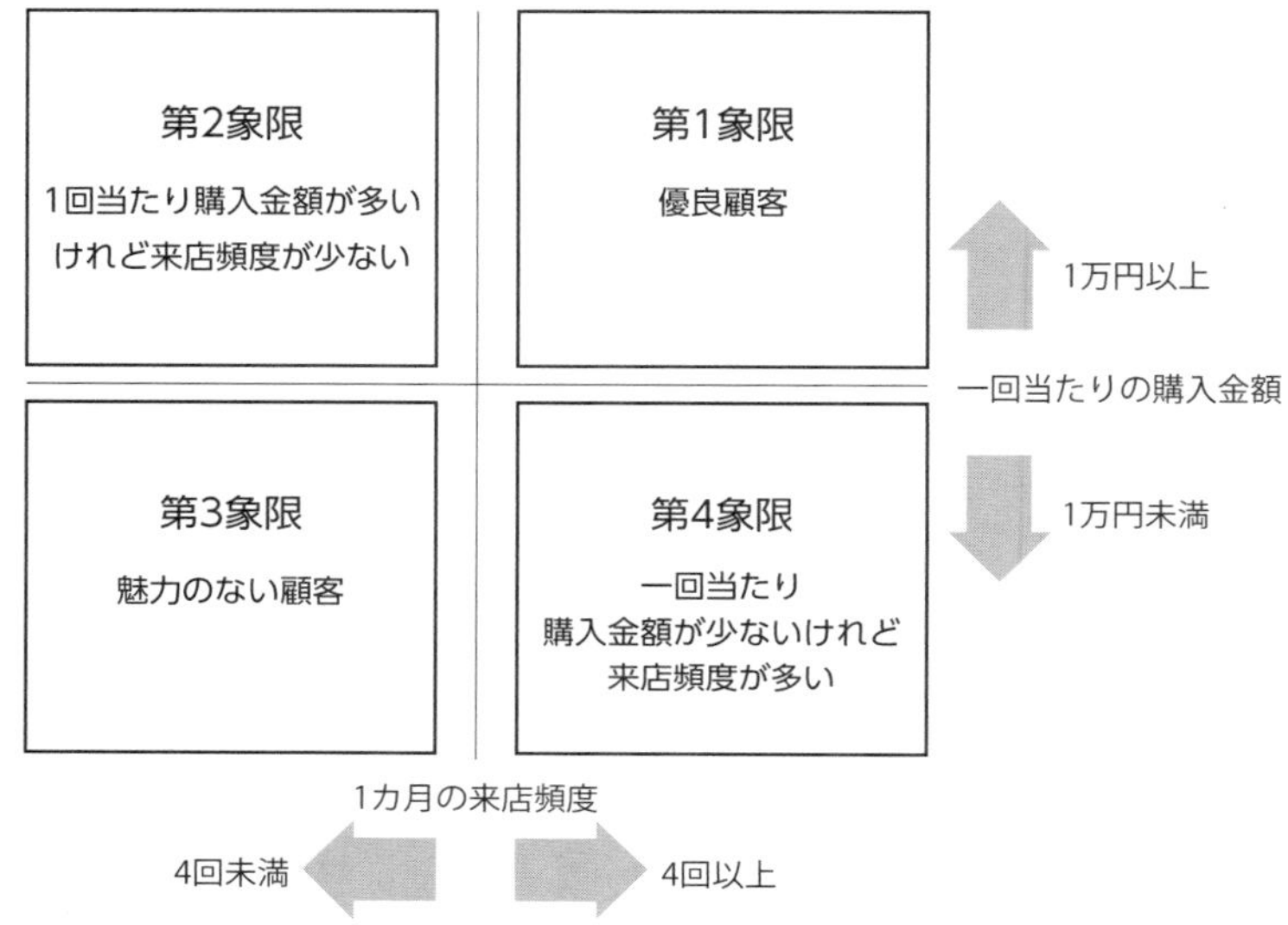

図表２－１１　４象限に分ける

女性、20代男性というように、性別と年代の列項目を組み合わせ、性・年代の列を新たに作成し、性・年代別で集計結果を比較するというように、元のデータにある複数の列の中から新たな組み合わせを作成し、それによって集計結果を表現する方法です。これはある程度対象にしたいターゲットが明確なときに有効です。

タイプ分け２　２つの属性を使って４象限で分ける

例えば、優良顧客とそうでない顧客でどういった違いがあるのかを見つけるために、１回当たりの購入金額が１万円未満とそれ以上で分け、また、１カ月の来店頻度が４回未満とそれ以上で分けると、**図表２−11**のような４つに分類されます。右上が優良顧客になり、左下が魅力のない顧客、右下は１回当たりの購入金額が少ないけれど来店頻度が多い、左上は１回当たりの購入金額が多いけど来店頻度が少ないとタイプを分けられます。

左上の顧客と右下の顧客ではいろいろな施策は異なってきます。このように、２つの列についてしきい値を設けて、掛け合わせることで、顧客の分類ができます。

タイプ分け３　データから特定の指標を作って分ける

マーケティング分野などでは様々な定量指標があり、目的によってはそれらを使う方法もあります。代表的な例として、ＲＦＭ分析を紹介します。

ＲＦＭ分析とは、購買履歴データから顧客ごとにＲｅｃｅｎｃｙ（最新購入日）、Ｆｒｅｑｕｅｎｃｙ（購入頻度）、Ｍｏｎｅｔａｒｙ（合計購入金額）の３つの指標を使って分類する方法です。最新購入日が近く、購入頻度が頻繁で、これまでの合計購入金額も高い顧客は、ＤＭなど何もしなくても購入してくれるので、こうした顧客にＤＭを送っても無駄になります。一方で、合計購入金額が大きく、購入頻度が高いものの、最新購入日が古い場合、その顧客は他の商品・サービスに流れてしまっている顧客であるため、DMなどを送ると効果が期待できます。このように、このRecency（最新購入日）、Frequency（購入頻度）、Monetary（合計購入金額）の3つの指標の高低でしきい値を設定し、顧客をいくつかのセグメントに分けて、それぞれに最適な販促を行うことが可能となります。

タイプ4　関係性を考慮して自動的に分類する

たくさんの属性をすべて考慮して人を分類したいとき、「クラスタ分析」という手法を使います。これはやや高度な手法です。最近の一般的な統計解析ソフトウエアでは、クラスタ分析を簡単にできるようになっているので、それを使えば自動的に人を分類することが可能です。例えば、顧客の属性が性別、年代、家族構成、居住地、ペットの有無、免許の有無、趣味、よく購入している商品ジャンルなどたくさんの切り口の中から、どんなタイプがいるのか知りたいときは、これらの属性をすべて使ってクロス表を作成するのは大変なので、クラスタ分析と呼ばれるデータ分析手法を用います。そうすれば、似た者同士の傾向を統計的に判断し、いくつかのセグメントに自動分類してくれます。

データ分析3　生じている事象の要因を発見

起きている事象（顧客の離反、故障、クレームなど）に対して、どの要因が最も影響を与えているかを知るための分析です。例えば、自社のある商品の売上の要因として、販促A・B・Cの実施のうちどれが最も影響を与えているかをデータ分析によって知ることができます。手法の1つとして、次のような式を想定する方法があります。

販促Aの実施あり×w1＋販促Bの実施あり×w2＋販促Cの実施あり×w3＝売上

ここでは、各販促の「実施あり」のときは「1」が代入され、w1、w2、w3はどれくらい影響を与えるかを示す「重み」です。例えば、w1＝100、w2＝200、w3＝300という値を入れてみましょう。

販促Aの実施あり×100＋販促Bの実施あり×200＋販促Cの実施あり×300＝売上

各施策を実施したときのみ1を代入すればよいので、次のようになります。

販促Aのみ：1×100＋0×200＋0×300＝100
販促Bのみ：0×100＋1×200＋0×300＝200
販促Cのみ：0×100＋0×200＋1×300＝300

販促Aを実施したときと販促Cを実施したときでは、販促Cを実施したときの方が、売上が大きくなります。つまり、w1、w2、w3は、それと掛け合わされている要因の影響度が大きいことを示す指標になります。実際はw1、w2、w3が当初は分からないので、このw1、w2、w3を求めれば、各要因の影響が分かるわけです。どの販促をしたときにどのくらい売上が生じたかは、過去のデータからわかるので、それぞれ販促したときに1を代入して販促してないときは0を代入し、そのときの売上を右辺側に代入していくと、

販促Aの実施あり(1)×w1+販促Bの実施なし(0)×w2+販促Cの実施なし(0)×w3
=100
販促Aの実施なし(0)×w1+販促Bの実施あり(1)×w2+販促Cの実施なし(0)×w3
=200
販促Aの実施あり(1)×w1+販促Bの実施なし(0)×w2+販促Cの実施あり(1)×w3
=400
・・・

というような式を作ることができ、これらの傾向からw1、w2、w3を求めることができます。ただし、ある販促を実施したら必ず売上が例のように同じになるわけではないので、こ

のように簡単には求まらず、統計的手法を用います。具体的には、回帰分析という手法を使ってこれらの「重み」を求めることができます。これはＥｘｃｅｌの分析ツールにもありますし、統計解析ソフトウエアにはほぼ備わっています。

ちなみに、２つの関係性を見るために「相関」を見ることがありますが、この場合、因果関係（どちらの影響が先か）は分かりません。「相関」は関係性の度合いは分かりますが、どちらが先に生じて、もう一方に影響を与えるかは分からないので、回帰分析などの手法を使う必要があります。

データ分析４　新たな対象の判別やある条件を付与したときの予測

データ活用というと「予測」をイメージされる方が最近は多いのかもしれません。近年トレンドワードになっている「ＡＩ」は予測に使うことがほとんどです。とはいえ、実は「データ分析３　生じている事象の要因を発見」と考え方はほとんど同じです。データ分析３の例を再掲すると、

販促Ａの実施×１００＋販促Ｂの実施×２００＋販促Ｃの実施×３００＝売上

というように過去のデータからｗ1、ｗ2、ｗ3が求まっている状態だとします。ということは、各販促を実施したときの売上を予測できます。各販促が実施のときは1を、そうでないときは0を入れれば、売上が求まります。これが売上の予測値です。

実際は、世の中の市況、競合のアクション、値上げ値下げなどそれ以外の要因が複雑に絡み合って決まるので、各要因を示すその他の過去のデータを式に導入したり、関数式自体の形（より複雑な関数）を変えたりして、予測の精度を上げる試行錯誤が必要となります。ちなみにこの一連の作業を「モデリング」と呼びます。

より良い予測モデルを作るには、以下の工程を踏む必要があります。

［1］予測したい項目を決める（売上、離脱率、故障率など）
［2］予測を導く項目を決める（販促の実施有無、顧客の属性、世の中の環境、値段などの商品属性など）
［3］予測のアルゴリズムや予測式を決める（Xａ＋ｂ＝Ｙのような予測関数）

［1］はもともとの目的に応じた指標として決まりますが、［2］［3］は試行錯誤が行われま

す。基本的に予測精度が高くなることを目指しながら、［2］の項目や［3］のアルゴリズムを決めていくことになります。

［1］は大きく分けて、売上のような数字を予測する場合と、ある消費者がある商品を購入するかしないかなどの判定を予測する場合があります。数字を予測するのはイメージしやすいと思います。判定を予測する場合、購入確率として予測し、50％以上なら「その消費者はその商品を買う」、50％未満なら「その消費者はその商品を買わない」というように判別予測をします。

［2］は、予測したい項目に関連しそうな項目の仮説を設定していくことから始めるのがよいです。その際、あくまでもその予測したい項目よりも時間的に前に起こる・その時点で分かっていることを入れる必要があります。時間的に後に起こる現象を入れてしまうと、いざ予測しようというときに、予測したい項目が起こった後にそれが起こるので、入力値として入れることができません。当たり前のことかもしれませんが、データ分析に夢中になっているると知らず知らずのうちにやってしまいます。

また、少し発展的ですが、一度加工した形にしてから、Xの値とすることもよく行います。

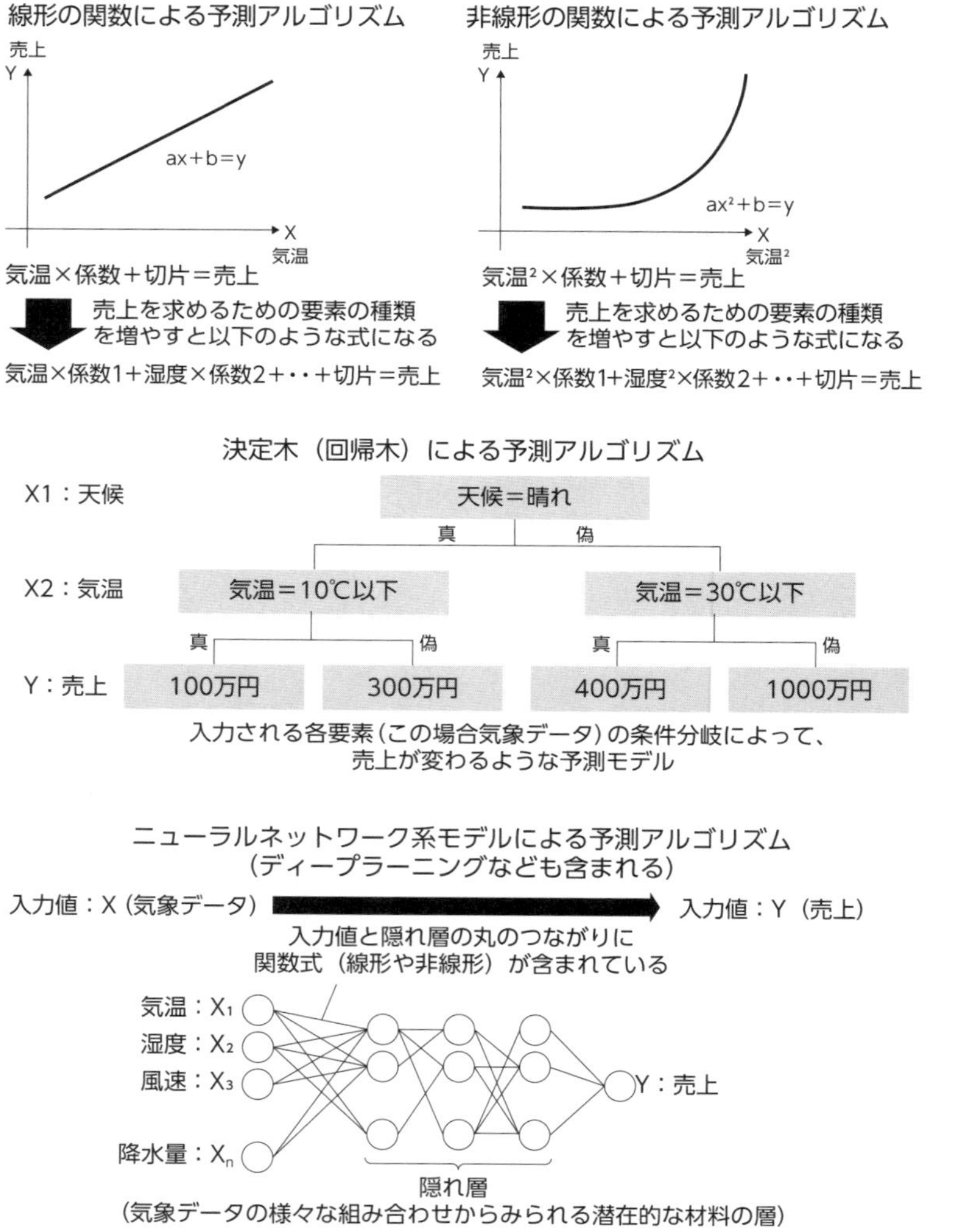
線形の関数による予測アルゴリズム
売上
Y
ax+b=y
X
気温
気温×係数＋切片＝売上
売上を求めるための要素の種類を増やすと以下のような式になる
気温×係数1＋湿度×係数2＋・・＋切片＝売上
非線形の関数による予測アルゴリズム
売上
Y
ax²＋b＝y
X
気温²
気温²×係数＋切片＝売上
売上を求めるための要素の種類を増やすと以下のような式になる
気温²×係数1＋湿度²×係数2＋・・＋切片＝売上
決定木（回帰木）による予測アルゴリズム
X1：天候
X2：気温
Y：売上
天候＝晴れ
真
偽
気温＝10℃以下
気温＝30℃以下
真
偽
真
偽
100万円
300万円
400万円
1000万円
入力される各要素（この場合気象データ）の条件分岐によって、売上が変わるような予測モデル
ニューラルネットワーク系モデルによる予測アルゴリズム
（ディープラーニングなども含まれる）
入力値：X（気象データ）
入力値：Y（売上）
入力値と隠れ層の丸のつながりに関数式（線形や非線形）が含まれている
気温：X1
湿度：X2
風速：X3
降水量：Xn
Y：売上
隠れ層
（気象データの様々な組み合わせからみられる潜在的な材料の層）

図表２－１２　予測アルゴリズム

例えば、売上を予測する際、前日の気温は予測を導く項目としてもよいですが、過去数日の気温に影響されて顧客がだんだんと欲しくなって売上が上がるという仮説に立って、過去1週間の平均気温や気温の蓄積（合計値）をXの値としてもよいです。このあたりは様々な組み合わせが考えられるため、作成に手間がかかります。一方で、予測を自動的に行ってくれるツールによっては、パターンを自動的に作ってくれるものもあります。

［3］の予測アルゴリズムは、大きく分けて、線形、非線形、決定木、ニューラルネットワークがあります（**図表2-12**）。

線形の予測アルゴリズムは、ある項目とある項目を足し合わせたら予測できるので比較的分かりやすいと思います。予測したい項目に何が影響を与えているのかはっきり分かります。ただし、世の中こんなに単純ではありません。線形は分かりやすいですが、非線形、決定木、ニューラルネットワーク系などと比べると精度は低めになりやすいです。

一方、決定木やニューラルネットワーク系などはたくさんの式を様々な関係性の下に盛り込んで予測値を求めるため、予測精度は高くなりやすいです。しかし、ビジネスでは予測精度が高ければ絶対的に良いというわけではありません。精度が高くても分かりにくければ使いづらいです。線形のアルゴリズムであれば何が要因でその予測値が求められているかが分かるので、予測結果を報告する際に納得感が得られやすくなります。ただ、DMを送るべき顧客を選ぶ仕組みに予測モデルを組み込む場合、どういった要因が影響を与えているかを考える必要がなければ、なるべく適した顧客に送ればよいので、精度が高いアルゴリズムを採用した方がよいでしょう。このように、使うシーンに応じて、使うアルゴリズムを選択するようにします。

以上のように、データ分析を行うといっても目的によって使うべき方法が異なります。あくまでも参考程度なのですが、データ分析1の「集計の可視化による現状把握」だけで済む場合は、「可視化分析ソフト」で十分でしょう。データ分析1〜4のどれも必要な場合は、「統計解析ソフトウエア」があると便利です。一方、なるべく自動的に「予測がしたい」いう場合は「機械学習自動化ソフトウエア」を導入してみるのもありだと思います。これからデータ分析を行って普段の業務に生かす場合のお薦めは、「可視化分析ソフト」+「統計解析ソフトウエア」です。

将来予想の注意点

実際の業務では、どの施策を実施すると、将来どれだけ売上が上がるかといった見込み値を報告するシーンが多いと思います。予測モデルを使って予測することになりますが、どのようなアルゴリズムを使っても１００％当たる予測などありません。あくまでも予測とは、他の状況が変わらず、入力された値が変わったときのみどうなるかを示すだけです。

そこで、予測結果と合わせて、どういった条件下（何が変わらないという条件）での予測かを明記しておくことが大事になります。例えば、景気が現状と変わらないという前提や、大規模災害が起こらない前提などです。

前提を明記しておくと、予測が外れたときの言い訳になるという利点がありますが、それだけではありません。前提を明記することで、予測を外すような想定外のことは何か、考慮できないこと、自分たちでコントロールできないことは何かが明確になります。これらが明確になっていると、もしそれらの事象が起きたとき、この予測は修正しなければならないと、すぐに判断できるようになります。

予測結果よりも予測値に大きなインパクトを与える要素の方が重要で、それが分かれば、その要素の状況を注視すればよいことになります。また、予測モデルを構築する前提のある要素が経験則的に捉えていたものではない意外な要素だったりすると、それは大発見で、それこそがデータマイニング（＝金脈を発見する）です。

2-4-6　Developステップの手順4　結果を見せる際のストーリーを作る

データ分析を行って表やグラフなどの可視化ができたらそれで終了というわけにはいかず、それらを同僚や上長に説明するために資料化する必要があります。その際の見せ方によって受け取られ方が大きく変わるので、データ分析の作業よりも、資料や報告の際にどのように結果を見せるかの方がはるかに重要です。

分かりやすい資料にするポイント

資料作成のテクニックについては他の書籍でもたくさん載っていますので、そちらをご参考いただければと思います。参考までによくあるテクニックとして以下があります。

・結論を先に書く
・1スライド1センテンス
・作ったスライドを捨てる勇気

ここではデータ分析結果を見せた際、「不足している」とよく言われるポイントをいくつか紹介します。グラフに入れるべき情報として、軸名、単位、凡例、そのグラフでの分母の数をつい忘れることがあります。また、分析している時点でも気を付けなければならないのですが、その結果を得るための集計方法を複雑にしないほうがベターです。なるべくシンプルな条件で集計した結果を見せた方が見る側も理解しやすくなります。

重要なことは、見せるべき分析結果の選定です。データ分析を行っていろいろな視点で分析をしていると、たくさんのグラフが出てきてしまいます。仮説や何を検証すべきかが曖昧だと、いろんな視点のグラフが必要と感じてしまって、大量のグラフを資料に貼り付けてしまうこともあります。しかしながら、グラフが大量にあると結論がぼやけて何を言いたいのかが分からなくなってしまいます。最終的に報告資料としてまとめる場合は、「作ったスライドを捨てる勇気」が大事です。どうしても捨てられない場合は、参考資料として後ろのページにまとめて掲載する方法があります。

納得と発見のバランス

データ分析した結果を他の人に有効に見せるコツとして、「納得」と「発見」の2つがあります。これを押さえておくと、結果に対する信頼性とデータ分析結果の有効性が伝わりやすくなります。

分析しなくても分かっていたことを伝えても、「そんなこと知っているよ」となってしまい、あまり意味がなくなってしまいます。かといって、斬新すぎる結果ばかり（特に現状に対して否定的な結果の場合）では「データが間違っている！」「分析の仕方がおかしいのでは？」と言われてしまいます。

そこで、データから言えることがこれまで経験的な知見と合っていて、それがデータによって客観的に証明されたとまずは相手に「納得」させるストーリーを前半で伝えます。その上で、データからこんな新しい「発見」があったと後半で伝えます。

すると、担当者の経験則が客観的に証明されたと納得してもらえ、信頼されるでしょう。その上でなら、新しい意外な結果についても理解が進みます。また、その業務の担当者がいる場合、頭ごなしに「業務を改善すべきです」というよりも、「○○までは良かったけれども、××は改善した方がよい（△△もやった方がよい）ですね」というストーリーで伝えるとよいでしょう。

2-4-7 Developステップの手順5 可視化ツールを使ってデータを見せながら議論する

報告用の資料は、PowerPointのスライドに、Excelなどで集計した結果をグラフにして報告するのが一般的な形式かと思います。こうした資料を使って報告する際、議論が進むと、「軸を変えてほしい」とか、「○○のユーザーだけを対象にしてほしい」といったリクエストを受けることがあります。ただ、PowerPointにグラフを貼っていると、その場で対応できません。あらかじめそういう要望が来ることを見越して、事前に様々なパターンのグラフを用意する方法だと、大変非効率になってしまいます。

そこで、報告する際、可視化分析ツールを利用する方法があります。こうしたツールを使えば、軸を変えるとか、対象を変えるとか、その場でできます。会議の中で分析が進み、次に出すべきアウトプットが1段階先のものを用意できるようになります。会議の場でソフトを使いながら進行するのは少し練習が必要ですが、積極的に使ってみてはいかがでしょうか。

可視化分析結果の共有

会議後に「グラフのデータが欲しい」と言われたとき、Excelで作っていればExcelファイルを共有すればよいですが、可視化分析ソフトウエアだと社内で使っている利用者は多くないので、共有しづらくなります。そこで、例えばＴａｂｌｅａｕを用いると、ＴａｂｌｅａｕＲｅａｄｅｒというグラフを見るだけの無料のツール（グラフ作成などはできない）があります。これなら、Ｔａｂｌｅａｕのサイトからダウンロードして各人のＰＣにインストールすれば利用可能となります。このように可視化分析ソフトウエアを選定する際は、社内で共有する際のコストを配慮して選ぶとよいでしょう。

2-4-8 Developステップのまとめ

一般的なデータ分析の流れを説明しました。改めて整理すると、次のようになります。

（１）分析の環境を整える
（２）データチェック
（３）データの加工・分析
（４）結果を見せる際のストーリーを作る
（５）可視化ツールを使ってデータを見せながら議論する

（１）では、「可視化分析ソフトウエア」「統計解析ソフトウエア」「機械学習自動化ソフトウエア」の3つのデータ分析ツールがあること、場合によってはExcelでも十分であることを説明しました。(2)では、データの鮮度・偏り具合・粒度、量、形式の確認方法を解説しました。

(3)については、データの加工と、データの分析方法を、目的に合わせたタイプ別に説明しました。この部分については関連する書籍がたくさんありますので、それらもぜひ参考にしてください。(4)では、データ分析の結果を報告するポイントについてまとめ、その1つの方法として(5)で可視化ツールを活用する方法を説明しました。

Developステップでは、データを使って分析し、手を動かすことでノウハウが得られます。Excelのグラフをいろいろと工夫してみるのでもよいので、とにかくいろいろと手を動かしてみることをお勧めします。

2-5 ステップ5 Deploy

2-5-1 Deployステップの概要

Ｄｅｐｌｏｙ（デプロイ）とはＩＴ用語です。ＩＴでは「みんなが使えるシステム上に配置して使える状態にすること」という意味で使っており、本書では「データ分析した結果を現場で継続的に活用するための仕組み」という意味で使います。

データ分析した結果が社内の意思決定に全く使われなかったり、予測モデルを作ってもその予測結果を参考に施策の改善などがなされなかったりしたら、これまでの作業がすべて水の泡になってしまいます。データを活用することの最大の意義は、現場で使われるための情報をきちんと提供することです。組織としてそれらの分析結果をどのように現場で広めていくかについては3章で説明しますが、ここでは、その仕組みづくりのために必要なツールなどに主眼を置いて説明します。

データ分析の目的に応じて、分析結果が出るたびに差し替えたり、定型化した指標を継続的に更新したりします。これからDeployを進めていく場合、いきなり定型化された指標を作ることは難しいかもしれませんが、試行錯誤を繰り返す中で、自分たちの組織で見るべきアウトプットがはっきりしてくると思います。ここでは、どういった手順を踏むべきかを紹介します。

データ分析のアウトプットの形としては、大きく分けて以下の３つがあります。順に説明します。

（１）１回限り型（毎回見るべき結果が変わる）
例：業務効率化のための要因分析、商品開発のためのニーズ分析など
（２）定型観察型（決められた指標、フォーマットを随時確認して意思決定を変える）
例：販促施策評価など
（３）推薦システム型（予測モデルなどで得られる推定値を基にして意思決定を判断する）
例：ＤＭ最適化など

（1）1回限り型

例えば、商品開発のために消費者のアンケートデータや過去の購買履歴、売上データなどから、新たにどのような商品が適しているかという新商品開発のための材料として、現状のニーズをデータから把握するような場合です。その場合、そもそもどういった消費者のセグメントがいるのか、消費者のニーズは何なのかを探索する必要があるので、データを多面的に分析することになります。新商品開発の企画書を通すための根拠としてデータ分析のアウトプットが使われるので、新商品が無事に発売された段階で、それらのアウトプット自体は使われなくなります。

ただし、そこでどういった分析技術を使ったか、データをどうやって集めたかのノウハウはたまります。場合によっては、再び新商品開発のために、今回用いた指標を使おうとなるかもしれません。そういった場合は次に紹介する定型観察型になります。なお、ここでのアウトプットの形式としては、あくまでも社内報告のためなので、ＰｏｗｅｒＰｏｉｎｔやＥｘｃｅｌでのレポートの形でも構いません。会議を通じて再分析する際にやり直しが少ないような環境を整えておいた方が効率的です。

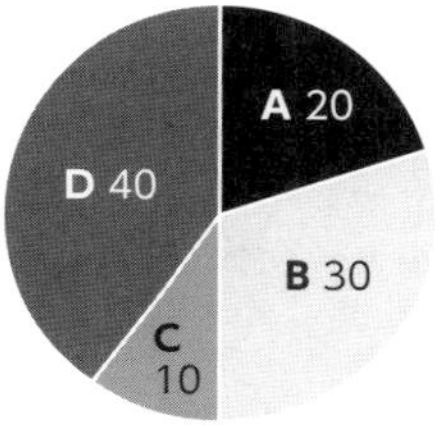

顧客	性別	年代	平均購入金額	セグメント
U001	男	20	¥1,000	A
U002	女	10	¥2,000	A
U003	男	10	¥2,000	A
U004	女	10	¥3,000	B
U005	男	20	¥3,000	B
U006	男	30	¥2,000	C
U007	男	30	¥2,000	C

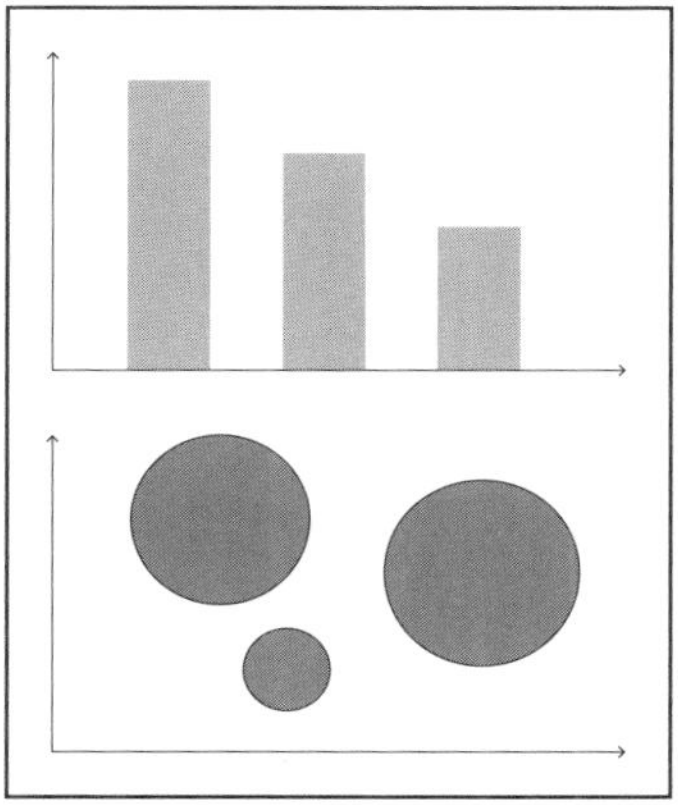

左上の円グラフのAを選んだら、Aのみのデータで集計した結果を表示

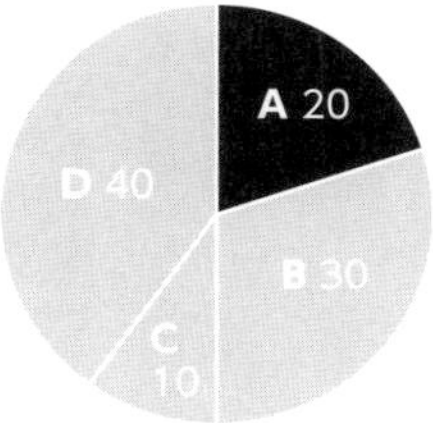

顧客	性別	年代	平均購入金額	セグメント
U001	男	20	¥1,000	A
U002	女	10	¥2,000	A
U003	男	10	¥2,000	A

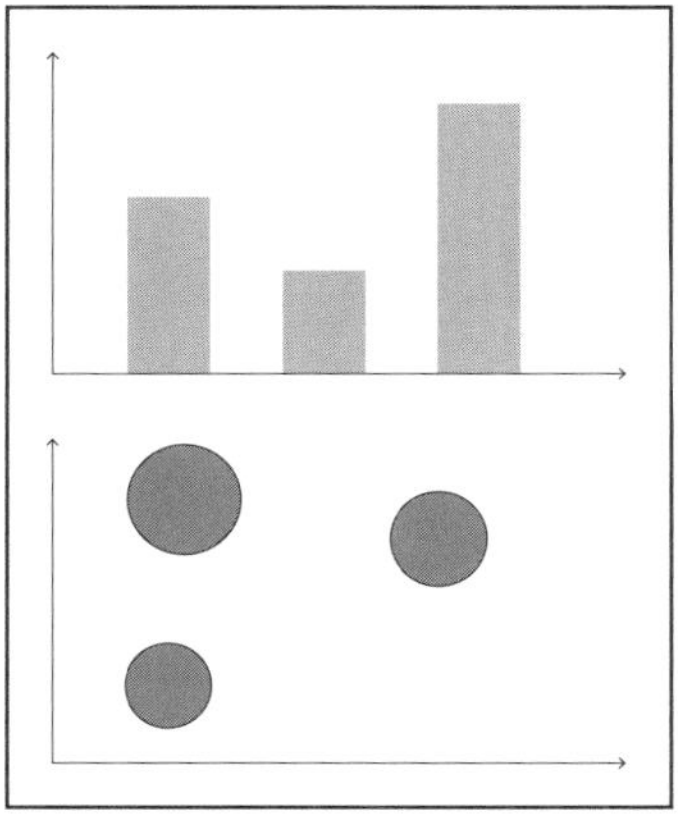

図表２－１３　定型観察型のダッシュボードの例

（2）定型観察型

例えば、販促施策についてタイムリーに評価しながらその販促内容を改善していく場合のアウトプットの形です。ＰＤＣＡサイクルの中のＣｈｅｃｋフェーズで用いられ、最新のデータから決められた指標（例えばリピート率やロイヤルティー指標など）を見ながら、施策改善していくときなどに適しています。フォーマット化されたグラフ・表の群を見ながら、マーケティング施策を変えていきます。そのためには、データが常に最新のものに更新され、それらの結果が自動的に計算されてダッシュボードに表示されるような仕組みが必要となります（図表２−13）。

（3）推薦システム型

特定の指標を参考にしながら意思決定するのは（２）定型観察型と同じですが、違いは「推定値」を指標とする点です。例えばＤＭの反応率が高いユーザーに配信することでＤＭを効率化させたいというときに、過去のデータからどういったユーザーなら反応率がよくなるかを求める予測モデルを構築し、対象顧客の中からＤＭを配信すべき対象者を選定するために、各顧客の情報を入力することでその予測モデルによって求められる予測反応率の高い順にＤＭを配信していくという方法がとられます。

予測したい施策案

施策	コスト	販促チャンネル	・・・
D001	¥2,000,000	POP	・・・
D002	¥3,000,000	Web	・・・
D003	¥5,000,000	RV	・・・

各施策の時期予測売上・利益

施策	コスト	予測売上	予測利益
D001	¥2,000,000	¥4,000,000	¥3,800,000
D002	¥3,000,000	¥5,000,000	¥4,700,000
D003	¥5,000,000	¥5,100,000	¥4,600,000

各施策の利益変化

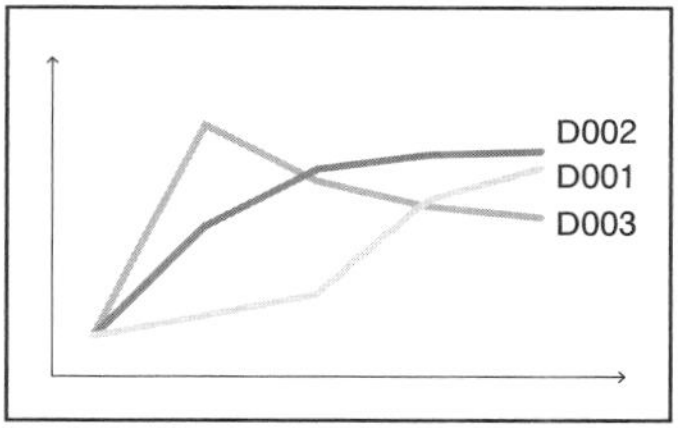

図表２－１４　推薦システム型のダッシュボードの例

このように、データから得られた結果を見ながら人が施策を検討していくというよりも、自動的に回すためにこの方法が使われます。DMの例のように自動的に反応率の高いユーザーに配信するシステムや、営業担当者が顧客に適したパンフレットを選択する際にたくさんあるパンフレットの中から最適な施策を機械が推薦するシステムのように、何かしらシステム化されることになります。1からシステム開発が必要なものがあれば、ある程度ソリューション化されているものもあります。

推薦システム型は、**図表2-14**のようなダッシュボードになるでしょう。

コラム「ダッシュボードとは」

ダッシュボードとは、自動車や飛行機などの走行状況を確認するための計器類と同義で、ダッシュボードを見ながらマーケティング施策や経営方針などの「走行状況」の変化を常に確認し、それを基に進むべき道を変えていくための可視化されたツールです。

2-5-2 Deployステップの落とし穴

データ分析結果が使われないという例を、Ｄｅｐｌｏｙの落とし穴としていくつか紹介します。

ダッシュボードが更新されない

現状の顧客の契約状況が分かるようにダッシュボードを作ったのに、データを更新させる作業が手間になってしまい、全然更新されなくなり（各グラフの結果が分からない）、初めはいろいろな人が見てくれたけれども、鮮度がなくなって誰にも見られなくなったということがあります。

これは、ダッシュボード内のグラフの結果を得るまでの過程で、最新のデータを抽出し、それを分析しやすいように加工し、分析させるという一連の流れが自動的にできていないことから生じます。断片的に自動化していても、どこかのフェーズで手作業が発生すると、その作業が属人的でできる人が1人しかいなければ（または、その人が他の作業で忙しくなってしまうと）、いつの間にか更新されなくなってしまいます。

もしくは、初めはデータ管理の担当者から直接データを抽出してもらって分析していたのでスムーズに進みましたが、新しいデータが来たら自動的に自分の部署へデータを移行させるための仕組みづくりや手続きで断念してしまうパターンもあります。

ダッシュボードを見られる環境が限定的

理想としては、全社員がダッシュボードを常に見て、最新の情報を共有し、改善策をそれぞれで進めていくことです。そのためには、説明がなくてもダッシュボードに何を示しているのかが分かるようになっていなければなりませんし、そもそも全社員がダッシュボードを見られるようにしないといけません。

利用人数に応じてライセンス料を支払うタイプのダッシュボードツールを使っている場合、他部署へ展開しようとすると、閲覧者が増えてライセンス料が上がってしまいます。その予算が取れなければ、他部署への展開ができなくなってしまうということがあります。ただ、最近多いのは、ダッシュボードを作るには有料ライセンスが必要だが、見るだけなら無料というツールです。こうしたツールを使えばハードルは下がります。

一方で、ITリテラシーが低く、新しいツールを使うことに抵抗がある部署の場合、いくら使える環境を整えたからといって利用されてなくなってしまいます。この点については組織的な話もあるので3章にて説明します。

他の人に引き継げない

データ分析全体に言えるのですが、データを抽出し、加工し、分析して、結果を可視化するまでの過程は、どうしても試行錯誤の繰り返しになります。そのため、分析を担当していた人のみが全体を把握でき、属人的になりがちです。特に初めてデータ分析プロジェクトに携わった場合はそうなりがちです。

担当者が部署異動などによっていなくなってしまうと、分析のやり方やダッシュボードのメンテナンス方法などが分からなくなり、結果的に使われなくなってしまいます。たとえ後任に引き継ぎをしたとしても、複雑な工程や様々な条件を設定していると、限られた時間内で十分な引き継ぎができず、前任者のようにはうまく処理できなくなってしまいます。

2-5-3 Deployステップの手順

初めてデータ分析の一連の流れをやった場合、その分析結果に至るまでに様々な試行錯誤を行っているので、完成されたアウトプットの形に至るまでの分析過程（データ加工、集計なども含む）がヒッチャカメッチャカになっていることがよくあります。まずはその一連のフローを整理し、他の人でも流れが追えるようにする必要があります。IBM SPSS Modelerなどの一部の分析ツールではそうした一連のフローを取り出せるので、そうした機能を使って整理することもできます。

ここでは定型観察型、推薦システム型の自動化に向けた仕組みをつくる際に、検討すべきポイントを紹介します。

ポイント1：データの自動更新

ポイント2：データ加工、自動分析・予測モデルの自動計算の仕組み
ポイント3：予測モデルの更新（推薦システム型のみ）
ポイント4：自動アウトプットの構築

ポイント1：データの自動更新

社内のデータベースと分析ツールがつながり、前者が更新されたらダッシュボードに自動的に反映されると理想的です。ただ、最初の頃は、データベースから抽出したデータをCSVファイルなどでもらって分析することが多いので、どうすれば連携できるのか、想像すらできないかもしれません。日々更新される数がそれほど多くなく、集計値などにほとんど影響しないのなら、例えば月1や半年に1回程度、最新のデータを同じ形式で定期的にもらう手法でも構いません。

一方で、日々の更新によって状況が大きく変わる可能性があり、分析アウトプットを見ながら全社的に意思決定をするなど、大規模化、多人数が利用する場合、分析対象を格納したデータベースに常に接続するような環境を構築していく必要があります。ここまで来ると、データベースにアクセスするための権限や社内ネットワークなどが関わってくるので、IT部門などと協議しながら進める必要があります。

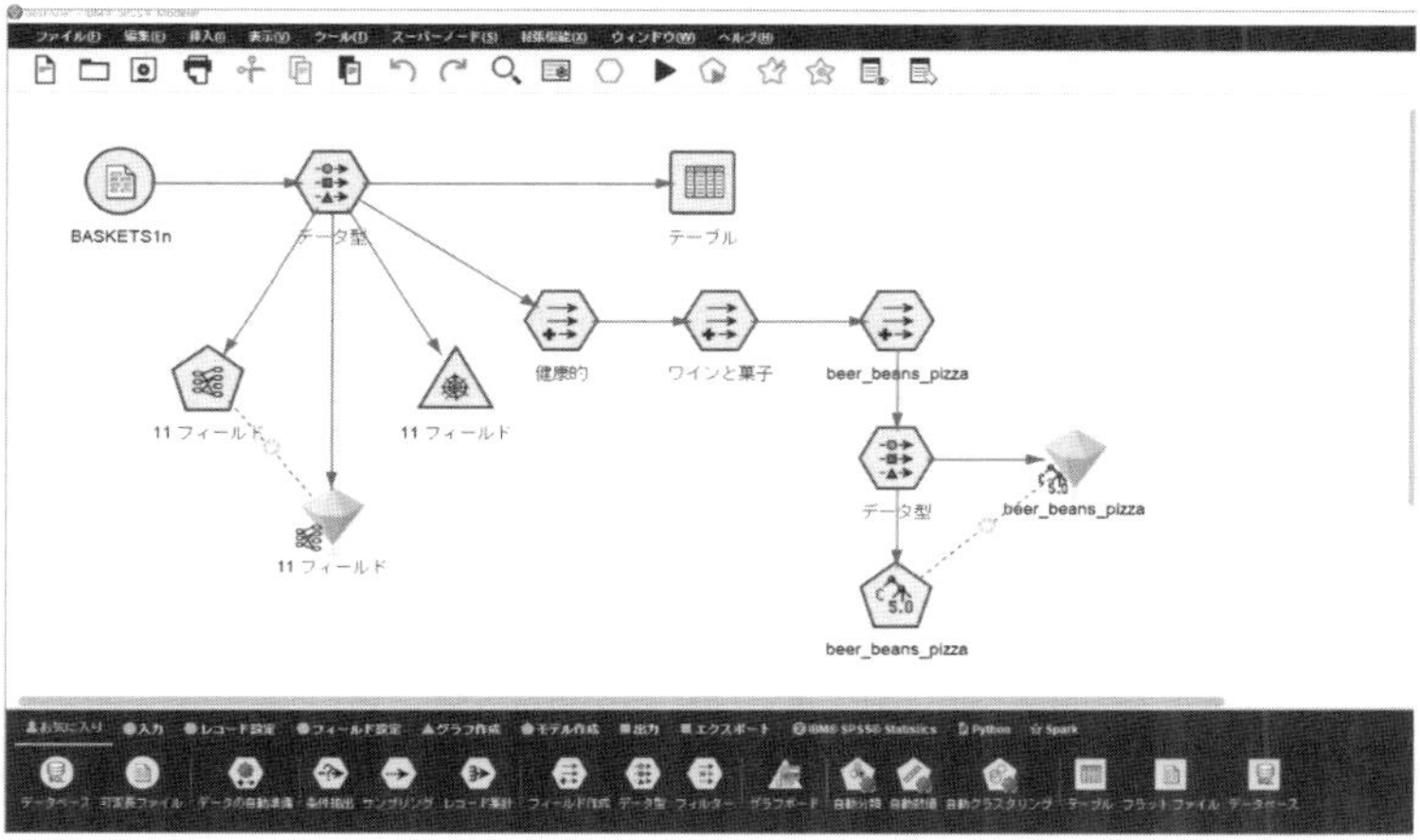

図表２－１５　IBM SPSS Modeler
（出所：ＩＢＭ）

ポイント2：データ加工、自動分析・予測モデルの自動計算の仕組み

データ加工や分析、予測モデルの入力作業で手作業が発生すると大変です。ここはぜひとも自動化したい部分です。例えば、IBM SPSS Modelerのような分析ツールを使っていれば、データさえ更新されれば自動的にアウトプットまで計算してくれます（**図表2-15**）。コツとしては、なるべく1つのツールで分析を完結しておくことです。初めは探索的に行うので、データの加工まではExcelを使い、分析から別の分析ツールを使うことがよくありますが、フローが完成すれば、それを1つの分析ツールで実装することで、自動化できる可能性が高まります。

ポイント3：予測モデルの更新（推薦システム型のみ）

予測モデルの場合、当初と世の中の環境が変わったり、予測モデルを使って施策を行うことで状況が変化したりしますので、予測モデルの係数や変数を精度が高いものに更新していく必要があります。データの更新頻度がそれほど頻繁でない場合は、精度のみを常にトレースする仕組みをダッシュボードに含めておき、精度が下がったら予測モデルの更新を手作業で行うことで済みます。一方、常に最新のデータが更新され、施策の変更が頻繁である場合、予測モデルの精度が変わりやすいので、これもある程度自動的に行うことが可能です。

これに関連する「AIソリューション」があります。こうしたソリューション製品は、プログラミングせずともマウスでクリックしていけば自動的に予測モデリングが作れます。データがあれば、自動的に最適な予測モデル（関数式や使うべき変数を精度が最も高いものを自動的に選んでくれる）を選び出して、それなりに精度が高い予測結果を出力してくれます。データが更新されれば簡単に予測モデルの更新も可能です。社内のデータベースなどと連携することもできるので、推薦システム型の自動化を検討されている場合は、こういったソリューションを活用するのは1つの選択肢です。ただし、そんなに安いものではないので、社内稟議《りんぎ》を通すには、ある程度データ分析活用の土壌を社内で広める必要がまずはあるかと思います。

ポイント4：自動アウトプットの構築

最終的な分析結果を、ダッシュボードに自動的に反映させる必要があります。基本的に、Ｔａｂｌｅａｕのようなソフトウエアを使ってダッシュボードを作成しておけば、データが更新されると自動的にダッシュボードの表示内容も更新されます。このような自動更新してくれるダッシュボード機能があるツールを使うとよいかと思います。

ちなみに筆者らが使っているのは、ＩＢＭ ＳＰＳＳ ＭｏｄｅｌｅｒとＴａｂｌｅａｕを組み合わせて、必要に応じてＰｙｔｈｏｎやＲ言語を利用する方法です。この方法なら初心者でも比較的簡単に自動ダッシュボード化を目指せると思います。ＩＢＭ ＳＰＳＳ Ｍｏｄｅｌｅｒで分析し、その結果を表示するダッシュボードをＴａｂｌｅａｕで作るという方法になります。ＩＢＭ ＳＰＳＳ Ｍｏｄｅｌｅｒでデータが更新されると、設定した分析が再現され、分析結果はＴａｂｌｅａｕのグラフに自動的に反映させることができます。なお、データ加工を伴わない場合はＴａｂｌｅａｕだけでもかまいません。また、ＩＢＭ ＳＰＳＳ Ｍｏｄｅｌｅｒで予測モデルも作れるので、ダッシュボードで予測結果を表示させれば推薦システム型も可能です。

2-5-4 Deployステップのまとめ

データ分析した結果を現場で継続的に活用してもらうための仕組みづくりについて説明しました。これからデータ分析を始める段階ではあまり悩むことはありませんが、データ分析がある程度できるようになった頃、「社内で報告したものの、あまり広がらない、使われない、成果につながらない」といったことがよくあります。そうならないようにするために、必要ことを説明しました。

振り返ると、ポイントは次の4つです。

ポイント1：データの自動更新
ポイント2：データ加工、自動分析・予測モデルの自動計算の仕組み
ポイント3：予測モデルの更新（推薦システム型のみ）
ポイント4：自動アウトプットの構築

これらは、すべてのポイントをしっかり構築しなければならないというわけではなく、それぞれを自動化する仕組みを少しずつでも用意しておくと、社内に浸透しやすく、手間を減

らせます。現在は、様々なＤｅｐｌｏｙツールがあるので、それらを活用するのもいいでしょう。Ｄｅｐｌｏｙツールを選ぶにしても、一度自分で仮の仕組みを構築しておくと、どの部分が自動化されるのかがよく分かると思います。そうなれば、自社に合ったツール選びができるようになります。

第3章

5Dフレームワークによるデータ分析人材育成法

これまでの章では、データ分析を実施する際にデータ分析者が陥りがちな失敗例や壁、そしてその乗り越え方を説明しました。本章では、５Ｄフレームワークを応用し、社内の既存人材、主に「文系人材」を「データ分析人材」に育成する方法について説明します。

ある日突然、分析組織を立ち上げることになった管理職の方にとってみて、自分自身に分析経験がない場合、何から手を付けてよいのかイメージが湧きにくいと思いますが、５Ｄフレームワークに沿って育成プランを決め、必要なタイミングで外部の力を借りることで、誰でも実践することが可能です。

3-1 人材育成に苦慮する企業

3-1-1 リカレント教育の限界

現在国内では、多くの企業が一握りの理系データ人材を求めて争奪戦を繰り広げています。確かに「DX（デジタルトランスフォーメーション）」を進めていく上で、データサイエンティストのようなデータ人材が企業に存在すれば、流れを加速できる可能性は高くなるでしょう。ここで押さえておきたいことは、ひと口にデータ人材といっても、データエンジニア、データサイエンティスト、データアナリスト、機械学習エンジニア、データマーケターなど、たくさんのタイプがあり、それぞれで必要なスキルは異なるということです。自社にとって必要なデータ人材タイプを把握できず、採用してもミスマッチとなるケースが多いと聞きます。例えば、ひとくくりに「データサイエンティスト」として採用したとしても、実は本人の希望分野がAIアルゴリズムの開発であるのに対して、企業側がデータマーケター的要素を求めていた場合、「採用の時に聞いていた仕事内容と違う！　辞めます！」と、売り手市場が故にすぐに離職してしまうというパターンです。

採用で人材を補充することが難しいのであれば、自社に愛着を持って働いている既存社員をデータ分析人材に育てる方法があります。多くの企業はリカレント教育として、「短期集中Pythonプログラミング講座」などに社員を通わせ、データ人材への転換を期待しています。ただ、一部の成功している企業以外は、なかなかそう簡単にはいかないようです。

最近のリカレント教育のトレンドは、大学などと提携し一定期間（1週間程度）缶詰めになり、大学の授業さながらに集中プログラミング講座やAI講座を受けるスタイルです。かなり充実した内容ですが、5Dフレームワークでいうところの「Demand」が整理されていないケースが多いようです。企業側は「なんとなく最近AIがはやっているし、経営側からAI人材の育成をするよう言われているから」というぼやっとした理由で実施しているケースもあるでしょうし、受ける社員からすると「特に現場でAIやプログラミングを使う機会などはないけれど、人事や上司から講習に行けと言われたからなんとなく参加した」という方も多いことでしょう。

さらに、必死に1週間の講座をクリアして現場に戻ってきても、時が過ぎれば「全部忘れちゃった」となってしまうケースが多いようです。なぜなら、（1）「そもそも業務で使わない」という業務上の制約、（2）プログラミングを実施できるPCがないという物理的な制約、（3）「分析よりもKKD（勘・経験・度胸）を重視する昭和的な上司」といった評価に関わる職場文化の制約などがあるためです。

3-1-2 リカレント教育の効果を持続させる環境づくり

リカレント教育を行うのであれば、講習から帰ってきて実務に戻ったあと、学んだ技術を使う環境を企業側が用意してあげる必要があります。そこで以下では、AIや機械学習、プログラミング、自動化などを、実際の業務にどのようにして落とし込めばいいのか、先に挙げた3つの制約に分けて説明します。

（1）業務上の制約

AIや機械学習、自動化を使えば、営業やマーケティング、法務、経理などあらゆる場面で生産性を高めることができる可能性が高いですが、多くの場合、そもそも「AIで何ができるのか」をイメージできない社員が多いと思われます。そこで、営業なら営業、経理なら経理でのサクセスプランをあらかじめ描き、AIの導入によって何が変わるのか、自分がそれを覚えることで業務生産性がどう向上するのかをつかんでおく必要があります。そのための有効な手段は、プログラミング講座と同時にビジネス寄りのAIセミナーに参加する方法です。

参考までに、私（木田）が勤めている三井住友海上では「データサイエンティストコース」というPythonを1週間缶詰めで学習するコースの他に、「ビジネスデザインコース」というデザイン思考やロジカルシンキングと人工知能などの知識を詰め込んだ講座を同じく1週間で受講するというプログラムを実施し、両方を受講することで、ビジネスでAIを活用するイメージを具体的に描けるようにしています。

（2）物理的な制約

せっかくプログラミングを学んでも、普段の業務で使わなければすぐに学んだことを忘れてしまいますので、環境を整備するのは必須です。ただ、残念ながら「予算がない」という理由で、申請しても却下されてしまうケースがあるようです。企業には予算があるので、予算外で専用のPCを購入するのは難しいかもしれません。であるならば、講習を企画する人事部門などが講習費用の一部くらいに考えて、予算を負担するようにしてはどうでしょうか。そうでもしない限り、掛け声倒れで終わる可能性が高いと思われます。

データ分析するにはデータが必要です。2-3でも触れていますが、PCを導入したものの肝心の分析対象となるデータはIT部門の管轄となっており、データベースにアクセスする権限がないため分析できないというケースは数多くあります。そもそも分析を目的としたデータベースを構築しているわけではないケースが大半ですので、なるべくデータ管理者以外は触らせたくないというIT部門側の意向もあります。その場合は、やはり5DフレームワークのDemandである「なぜデータが必要なのか、何を目的として分析を行うのか」という点を明確化しておかねば、IT部門を動かすことは困難といえるでしょう。現場間で交渉してもデータを出してもらえないケースもありますので、その場合は部門トップからデータベース管理者に直接交渉を依頼することも検討する必要があります。

(3) 職場文化の制約

職場で長年積み重ねられてきた文化の壁を崩すのは想像以上に大変です。せっかく若手がAIやプログラミングを学び、例えば過去データから見込み先訪問リストの成約率を算出し、営業の生産性を上げようとしても、昭和的価値観の上司はその価値を正しく判断できないものです。「営業は足で稼いでなんぼなんだ！　ちまちまパソコンいじるくらいならお客さんと会ってこい」と言われて職場を追い出されるなんてことがあるようです（コロナ禍では「オンラインでも何でもいいのでアポイントを取ってこい」といった感じでしょうか）。自分の価値観以外は認めない暴君のような上司に当たってしまうと、評価が上がるどころか下げられてしまいかねません。

その場合、①上司の定年（定年間近であれば）や異動になるまで数年じっと耐えて待つ、②文化が変わらないなら会社を辞める、③若手でスクラムを組んで新たな文化をつくる、といった選択肢があります。ただ、①はストレスを抱え、いずれ体や心が悲鳴を上げてしまいます。②は、あくまでも最終手段です。となると、この中で一番良さそうな方法は③でしょう。当然ながら大変困難が伴いますが、若手でスクラムを組み、人事も経営陣も抱きこみ、まずはスモールスタートで、データ分析を利用した新たな方法で実績を上げることを目指してみてはどうでしょうか。

最近は、若手同士の自主的なプログラミングなどの勉強会を開催し、ノウハウや知見の共有を積極的に実施している企業が徐々に増えています。こうした集まりが、③のベースになることもあるでしょう。

具体的なビジネス課題に沿った勉強会を開催し、徐々にアウトプットを業務に展開していくと自然に部内に広まっていきます。ありがちなのは、自主的な勉強会は開催するものの、だんだんと部署や自社に関する愚痴を言い合う場になったり、分析内容だけ発表して満足する場になったりすることです。そうならないように、きちんと業務に落とし込むためのプロセスデザインの意見を出し合い、実際に行動を起こしていくことが大切です。職場のカルチャー改革に若手が伸び伸びと活動できるようにベテランが下支えしていく必要がありますので、そのような行動自体が考課にしっかり反映されるよう仕組みを人事部が作らなければなりません。ワークマン社のようにデータ分析力を備えることが部長の必須条件になるくらいの徹底した方針が会社の文化を変えていくのだと思います。

3-1-3 文系データ分析人材育成のススメ

リカレント教育という言葉を多くのマスメディアが使うようになったので、急速に世間一般の認知度が上がってきています。でも実際にリカレント教育のプログラムを実施している企業はまだまだ圧倒的に少数なのが現状です。当然ながら1人当たり多くのコストがかかりますし、効果が本当にあるのか、また自社にとってそれが有益なのか半信半疑な状態では人事部門が踏み切るのを躊躇《ちゅうちょ》するという気持ちは理解できます。

ただ、2020年のコロナ禍の状況を踏まえると、世の中は今後さらに劇的に変化するのは確実で、企業も企業人もそれに合わせて変化をしていく必要があります。2020年が始まった頃、東京オリンピックが年内に実施されないと想像できた人がどれくらいいたでしょうか、これほどまでにテレワークが急速に進むと予測できたでしょうか。現在は「VUCA」（Volatility（変動）、Uncertainty（不確実）、Complexity（複雑）、Ambiguity（曖昧）の頭文字をつなぎ合わせた造語）という言葉で表現されるように、不安定さが増しています。

そのような中で企業が生き延びるには、新たな時代に対応できる人材を外部から採用するのか、内部で育成していくのかが極めて重要となってきますし、企業人としてはこれまで通りのルーティンでこなせていた仕事がある日突然無くなるリスクに備えて、自分自身のスキルを可能な限り磨いておく必要があります。今までのように会社の大きな流れの中でジョブローテーションをこなして成長していくのではなく、時代が必要とするスキルを自ら調べ積極的に身に付けにいくことが重要です。

データ分析スキルは、今後のビジネスにおいて最も必要とされるスキルの1つであることは間違いありません。1人でも多くの社員が身に付けたいものですが、多くの企業では営業や企画など文系社員が多数を占めているので、人事部の育成担当者や管理職の方はどうすればいいのかと悩んでいることでしょう。

はっきり言えることは、きちんとした手順を踏んでいけば、「ど文系人材」であったとしてもデータ分析人材になれます。本書の冒頭で紹介したように、私自身も文系であり、30歳のときにデータサイエンティストを目指そうと思って、そこからスタートしました。当時は「さて、何から始めよう」と思い悩み、無我夢中で書籍を読んだり分析ツールを学んだりしましたが、当時と今では環境が全然違っています。また、私自身の経験を振り返ると、「あれは絶対学んだ方がよかった」「これは必要なかった」などが見えてきて、そうしたノウハウは本書のベースになっています。

その後所属した企業で文系データ分析人材候補の育成を担当することになり、そのエッセンスをまとめて実践したところ、数カ月で一定程度のレベルの分析力を全員が身に付けることができました。その時に用いた方法が本書で紹介している5Dフレームワークの原型です。

次節では、「人材育成」という観点で5Dフレームワークのエッセンスを紹介します。

3-2 管理職・リーダーのための5Dフレームワーク

データ分析人材育成として「5Dフレームワーク」を見ると、各ステップで実践すべきことは次のようになります。

Demand：分析組織の目的を定義する
Design：分析組織をデザインする
Data：データを扱う方法を教育する
Develop：データ分析レベルを向上させる
Deploy：分析結果が社内で使われるようにする

ステップごとに解説します。

3-2-1 分析組織の目的を定義する「Demand」

細分化が進むデータ分析人材

前述したように、「データ分析人材」といっても多くのタイプが存在します。データエンジニア、データアナリスト、データサイエンティスト、AIエンジニア、データマーケター、マーケティングテクノロジストなどです。データ関連の職種は近年ますます細分化され、また領域も広がってきています。

データサイエンティスト協会が定義している「ビジネス力」「データサイエンス力」「データエンジニアリング力」という3つの力が、いわゆる「データサイエンティスト」に求められている能力とされていますが、実際にこの3つをオールラウンドに兼ね備えているスペシャル人材はほとんど存在しません。多くのデータ分析人材には得意・不得意の領域がありますので、データ分析人材を外部から採用する場合、その企業の課題に対して必要なスキルセットとは何かから定義する必要があります。

経営陣から「うちもデータサイエンティストを採用しよう」と言われた場合、果たしてこの「データサイエンティスト」という言葉が持つ意味は細分化されているスキルのどれに当てはまるのでしょうか。恐らくかなりの確率でそれらの違いを明確に把握しないまま、なんとなくデータ分析人材の総称として「データサイエンティスト」と言っている可能性があります。

せっかく採用したのにミスマッチが発生

そんな曖昧な指示を出された人事部門は、どうすればよいのでしょうか。とりあえずなんとなくコンピューター関連だからとIT部門に必要なデータサイエンティスト像をヒアリングしたり、社外セミナーなどで情報収集したりすることになります。しかし、残念ながら、部門・人によってイメージしているデータサイエンティスト像はそれぞれ異なっているケースが多く、回答もばらばらでさらに人事部門が混乱する、といったことになります。例えば、IT部門のアドバイスに従って、エンジニアリング系に強いデータ分析人材をやっとの思いで獲得できたとしても、そもそも「どんな仕事をデータ分析人材に求めているのか」が明確になっていないと、現場に配属された段階で、現場も採用されたデータ分析人材も混乱してしまいます。

よく耳にする話は、現場も人事も実際の業務に必要なデータ分析人材のスキルが理解できていないので、採用のミスマッチが発生するケースです。例えば、現場で求めていたのはマーケティング系の幅広い分析スキルや知見を持っているデータマーケタータイプだったのに対して、「データサイエンティストなんだからデータに関することはなんでもできるだろう」と勘違いして、AIエンジニアタイプを採用してしまい、本人としてはAIのアルゴリズム開発を専門にやりたくて入り、面接でも「できる」と聞いていたにもかかわらず、実際入ってみたらマーケティング分析の案件ばかりで嫌になってすぐ退職してしまった、など例を挙げたら切りがありません。

データ分析人材自体は依然として求人倍率は高く、引く手あまたの状態なため、転職へのハードルは高くなく、その職場でやりたい分析ができず、求める環境と異なっていたらいとも簡単に辞めてしまいます。そうした事例が増えているため、「データサイエンティストはすぐ転職してしまう」といった印象を持っている方も多くなっているかもしれません。

社外だけでなく、社内の人材に目を向ける

当然ながらミスマッチを避けるためには、企業側もしっかりとデータ分析人材の細かなスキルの違いを把握することや現場で本当に必要な分析力とは何かを突き詰めておく必要があります。言うはやすく行うは難し、採用面接で優秀なキャリアを見たらどうしても囲い込みたくなる気持ちも十分理解できますが、いったん視点を外部から内部に目を向けて、社内の

人材を育成することが重要です。実は社内にはデータ分析人材の金の卵が埋もれているかもしれません。

以前所属していた企業では、文系社員が圧倒的多数を占めており、理系社員はごく少数ですがＩＴ部門などに所属していました。そのような中、分析部門の強化のために私が加わったのですが、当時はデータサイエンティストと呼べる人材は存在していませんでした。分析人材として人事から抜擢されたのはＣＲＭマーケティング部門の現場担当者とコールセンターの担当者でしたが、いずれも文系人材で当然ながら統計や分析の経験はゼロでした。ましてやＥｘｃｅｌの関数の使い方などもおぼつかない様子でした。そうした人材でも、きちんと教育すれば、データ分析人材として活躍できるようになります。

私の個人的な経験から言うと、プログラミングにピタッとはまる人材もいれば、全く向いていないという人材もいます。では、プログラミングに向いていない人材がデータ分析人材に向いていないかというと、それは全く別物であると思っています。データ分析人材として抜擢された当該メンバーたちもプログラミングは苦手でしたが、市販の分析ツールにはアレルギーはありませんでした。

数学や数式がたくさん出てくる統計学の教科書は、文系にとってみると目まいがしそうな感じがしますが、プログラミングという選択肢を捨て、市販の分析ツールを使ってみると実は四則演算以外はそんなに使う機会はありません。高度なＡＩやディープラーニングを日々駆使して実施されている方から「高度な数学や統計学を学ばずに分析ができるわけがない。そんなものはデータ分析ではない」とお叱りを受けてしまうかもしれませんが、実際のビジネスの現場でよく利用される分析手法は限られていますし、現場で求められてもいないものや理解できないものを提供するのは単に時間の無駄です。

そもそも分析目的は？

その時の分析チームが社内から何を求められているかを定義したところ、大きく分けて３つありました。

①マーケティング施策に対する迅速な分析のアウトプット
②施策実施におけるアイデアや示唆
③経営層に対する社内データの分かりやすい可視化

まず①です。日々新たなマーケティング施策のＰＤＣＡを回し続けている現場において、何よりも求められるのはスピードです。そのスピードに合わせてアウトプットを出し続けていかねばなりません。レストランで例えるならば、常にランチタイムの定食屋のようなイメージでフライパンを回しっぱなしのような状態です。

次に②は、単純にDM送付先の顧客リストをスコアリングして出すだけでなく、その顧客が過去購入したプロダクトに何を求めなぜ購入したのかを明らかにし、マーケティング施策に落とし込みやすいようなペルソナが描ける粒度まで情報提供する必要がありました。

例えば分析の場面で、XGboostやLightGBMなどの高度な分析手法を使えば当然精度は上がるのですが、現場とリアルなマーケティング施策を実施していく上ではブラックボックス化したアウトプットでは顧客を想像することが困難です。精度を犠牲にしてでも、説明力を優先し、2章で説明した決定木分析などの手法を用いることが多々あります。マーケティングにおいて重要なポイントは顧客のニーズやウォンツを想像し、顧客に刺さるマーケティングメッセージを含んだクリエーティブ作成を最適なタイミングで顧客に送り届けることです。

③多忙な経営陣が自分の好きなタイミングで経営指標のダッシュボードを確認し、自分で

深堀りできるような仕組みを求められていました。さらにその経営指標も状況に応じて新たなものを次々と追加していかねばならず、迅速かつ分かりやすいUI／UXを常にイメージしたダッシュボードを作成し続けていく必要がありました。

このように分析組織をゼロからつくる場合は、最初の時点で自分たちに求められている機能を明確化させておくことが重要です。求められている機能次第でチームのフォーカスポイントや方向性、必要な人材像が決まってきます。限られているリソースを実戦投入可能な戦力に短期間で育成するには、まずは求められる機能に注力する必要があります。当然ながら会社自体の方針が変わればもしかすると自分たちに求められていることも変わるかもしれませんが、そのときは柔軟に修正すればよいだけで、まずは何を求められているかを明確化し、それに従って人材の育成プランを描きます。

整理すると、経営のニーズを把握し、自分たちの必要機能を理解し、必要な機能に沿った人材を育成するという流れです。

コラム 「ペルソナとは」

マーケティング用語に「ターゲット」と「ペルソナ」があります。「ターゲット」とは、特定の商品やサービスを提供しようとしている（もしくは既に提供している）対象のことで、ざっくりと属性などで絞り込んでいます。「ペルソナ」は、ターゲットをさらに掘り下げ、あたかも1人の実在する人物のごとく細かな設定を行います。例えば、ターゲットの例としては「30代、男性、既婚、都内在住、世帯年収800万円以上」、ペルソナの例としては「38歳、木下藤吉郎（仮名）、3年前に3歳下の女性と結婚、世田谷区の二子玉川から徒歩圏内に在住、共働きで世帯年収は1100万円」といったところです。

DM配布先リストならターゲット程度の属性でもよいかもしれませんが、クリエーティブ（広告の中身）をどのようなレイアウトでどのようなメッセージを強調するかなどは、ペルソナをイメージしないと、より具体的に刺さるメッセージが思い浮かばないものです。また、マーケティング担当者と分析結果について話すときも、ペルソナのような具体的な顧客像を共通認識にしておけば、話がスムーズに進みます。ただし、データ分析を中途半端に行ってペルソナを作ってしまうと、全く誤った顧客像で話が進んでしまいますので、社内外のデータを丁寧に考察して作り上げましょう。

3-2-2 分析組織をデザインする「Design」

プログラミングでもGUIツールでも

分析チームに求められる要件が固まったら、次の課題は、人材をどのように育成するかをデザインすることです。２つの方法があります。１つは、外部企業で行っているＰｙｔｈｏｎやＲなどのセミナーに短期間講習を受けさせて適正を見ながら徐々に時間をかけて深い分析を行っていく方法です。もう１つは、最初からノンプログラミングで操作可能な市販分析ツールを購入し、早期に実戦経験を踏まえながら育成していく方法です。分かりやすく言えば、前者はプログラミングを駆使する方法、後者はＧＵＩツールを使いこなす方法です。

Ｐｙｔｈｏｎなどのプログラミング言語は、一度覚えてしまえば幅広い分析ができますし、市場における評価も高くなります。ただ、ビジネスでは時間は何よりも重要で、分析という本来的な目的ではなく、プログラミングという操作を覚えるのに時間を費やすのが果たして本当に良い選択なのでしょうか。分析組織の目的は、組織の業務変革や改善の意思決定に資するアウトプットを出すことです。分析の方法自体はあくまでそれを導き出すための手段の１つにすぎません。

旅行や出張に例えると、行かねばならない目的地（分析の目的）は決まっていますが、そこにたどり着くための手段は状況に応じて柔軟にバスや電車（外部委託会社）、自家用車（自分で分析）など様々な手段があるわけです。さらに自家用車という選択をしたとしても、あえてマニュアル自動車ではなく、少々コストがかかってもオートマチック車を選んでもよいわけです。

GUIツールを使いこなす方法の場合、問題となるのが分析ツールの導入コストです。Pythonや Rが人気なのはプログラミングさえ覚えてしまえば、無料で様々なライブラリを活用して多種多様な分析できます。ただ、1人の社員が数カ月かけてじっくりと操作を覚えるときに要する時間をコストと考えたとき、分析の幅自体はPythonなどには劣りますが、GUIツールではるかに早いスピードで覚えられます。

分析ツールが百花繚乱

実際ここ数年で、データ分析関連のソフトウエアは激増しました。私がこの業界に入った10数年前、分析ソフトといえばSPSSやSAS、Matlabのようなものが中心でしたが、現在では機能に応じて様々なツールが存在しています。値段も様々ですが、昔と違いサブスクリプションモデルが主流になってきていますので、月々数万円程度から導入できるものも多数あります。

ツールタイプに分けて概要を説明します。

BIツール

経営指標のダッシュボードなどデータを可視化するツールです。Tableau、Domo、PowerBI、Qlick View、Yellowfin、ThoughtSpotなどがあります。近年は非常に操作性に優れたソフトウエアが人気で、分析初心者でも気軽に始められ、データを様々な角度から分析できます。データをどのような切り口から分析していくのか、という視点を初心者が学ぶにはうってつけのツールです。

加工・集計・モデリング

SAS、IBM SPSS、Alteryx、MathWorks、nehanなどがあります。データ分析をする場合、単一のファイル（ExcelやCSV）で完結することもあれば、顧客ID単位で複数のデータソースにまたがって実施することもあります。そのような場合にこのツールを使えば、必要なデータの取捨選択や集計などを実施するに当たり、GUIの簡単な操作で実施できます。さらに、よく使われる決定木や回帰分析、クラスタリングなど、パターン発見・分類・予測系の分析手法も一通りカバーされているため、分析初心者からベテランまで多くのユーザーがいます。

自動分析（AutoML）

DataRobot、データビークル、dotData、H2O.a-iなどのプレイヤーが存在します。自動分析系ツールは、この数年間で大変な進化を遂げ、多くの企業で導入されるようになってきています。その利点は、複雑な機械学習の手法が自動選択されるため高度な数学や統計を知らなくても初心者がモデリングを実現できることです。例えば、CSVファイルなどを読み込み、予測したい変数を指定するだけで、様々な機械学習の手法を自動で試し、最適な結果をすぐに算出してくれます。特徴量エンジニアリングやハイパーパラメータの設定など、熟練のデータサイエンティストでなければできなかった分析が誰にでもできてしまうため、今後は自動分析系ツールが一大勢力になると思われます。

データサイエンティストがなかなか採用できなかったり、採用してもミスマッチになってしまったりするくらいなら、有償の分析ツールを購入して現有社員で分析プロジェクトをさっさとスタートさせてしまった方が機会損失にならず、意外とうまくいきます。もちろ

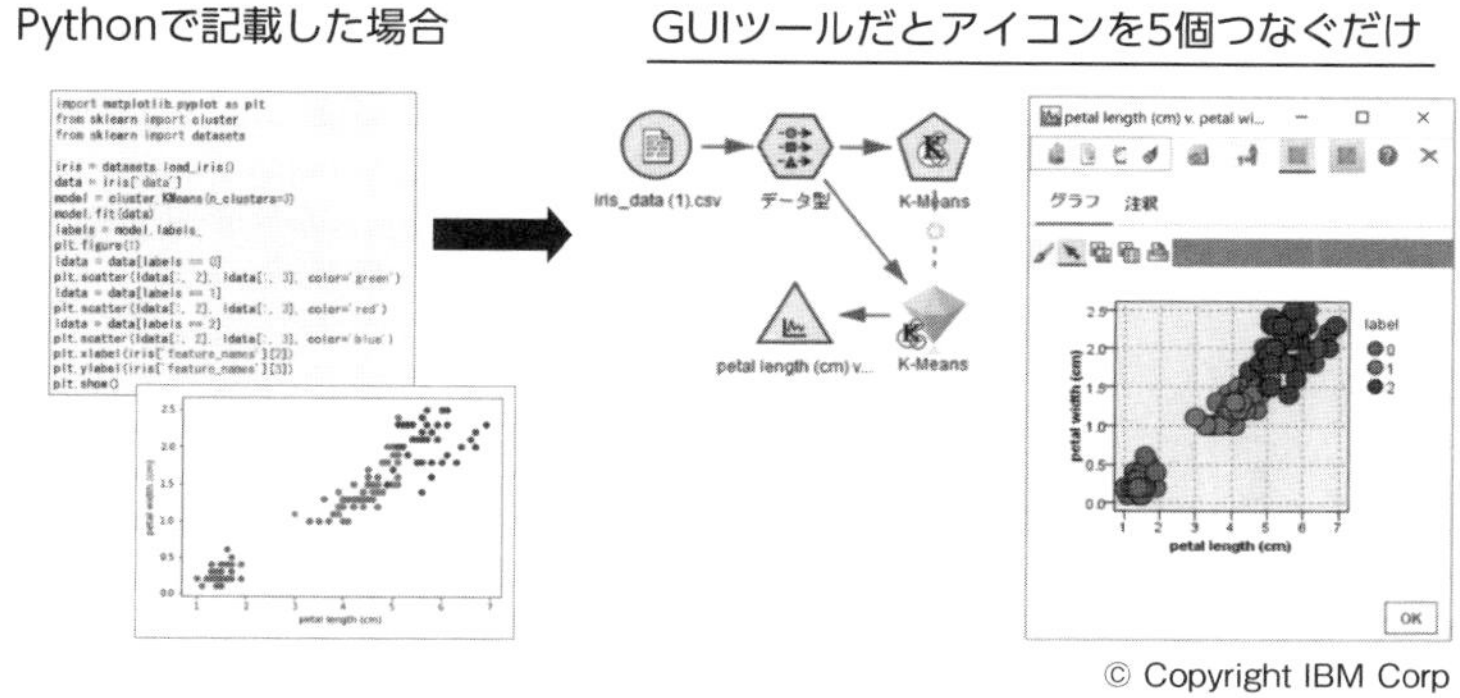

図表3－1　プログラミングとGUIツールの比較
（出所：ＩＢＭ）

ん、自分たちの組織に求められているものが集計・可視化までであれば、BIツールのみを導入すればよいですし、予測モデルなども求められるのであれば、さらに高機能なマイニングツールを導入すればよいと思います。いきなりフルスペックな高機能ツールを導入しても宝の持ち腐れになりますので、求められているDemandに沿って必要最小限のスモールスタートで問題ありません。

プログラミングとGUIツールの比較

1つの例ですが、PythonとIBM SPSS Modelerの操作を比較してみましょう。単純なグループ分けをするクラスタ分析の例です（**図表3-1**）。Pythonのプログラミングで記述すると図左のようになります。GUIツールの場合、図右のようにアイコンを5個つなげるだけで全く同じような結果が出ます。

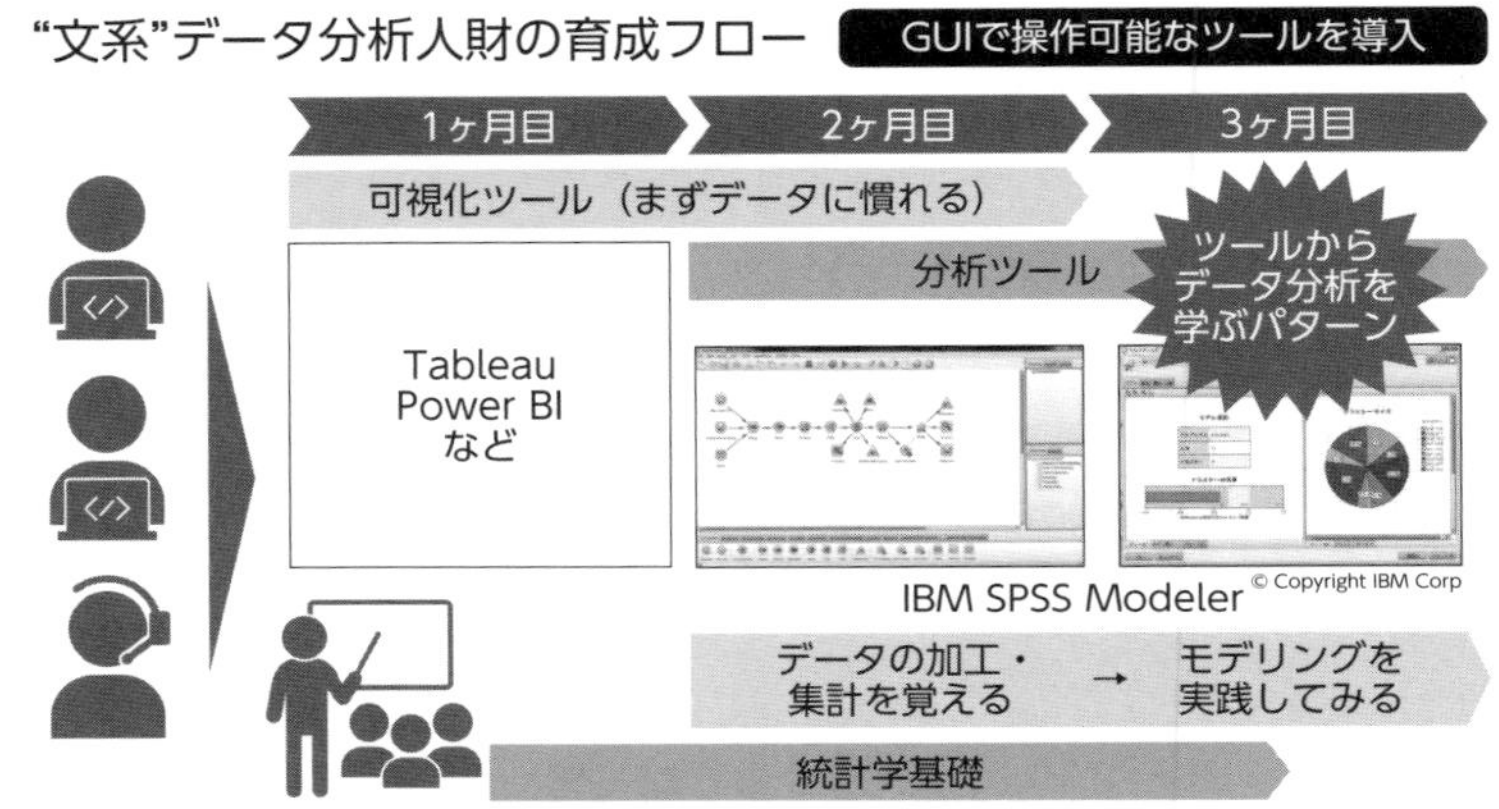

図表３－２　文系データ分析人材の育成フロー
（出所：ＩＢＭ）

車で例えるとマニュアル車（プログラミング）かオートマチック車（GUI）のようなもので、エンジンの回転数に合わせてギアチェンジをしていくような細やかな作業はプログラミングに分がありますが、一般的に使われる汎用的な分析作業であればGUIで誰でも簡単にすぐにできてしまいます。私自身も可視化ツールとしてはTableau、加工・集計・モデリングツールとしてはIBM SPSS Modelerをメインで愛用しています。

3-2-3 データを扱う方法を教育する「Data」

文系データ分析人材の育成フロー

文系データ分析人材を育成するフローをまとめると図のようになります（図表3-2）。

そもそも「データ分析」を見たことも聞いたこともないような状態から育成するのですから、まずはデータに慣れてもらうことから始めます。Tableauの場合、UIや操作性が洗練されていますし、トレーニングやWeb参考資料も豊富なため、それらを参考にしてもらい、だんだんと実際のデータを利用しながら様々な観点でデータの切り口や可視化の技法を学びます。

座学としては、業務時間内にきちんと学習の時間をつくり、統計学の基礎などをざっと解説します。1カ月が過ぎる頃にはTableauの操作方法はほぼ習熟し、簡単なデータ加工（複数ファイルの結合）などを使いこなせるようになりますので、2カ月目からは1段階レベルを上げてIBM SPSS Modelerによって、より複雑かつ大量データを用いた集計・加工などの手法を身に付けていきます。

データ分析を全く行ったことがない人がこの段階から始めてしまうと、「データの型」や「外部結合」「内部結合」などのキーワードが何のためにそれを実施するのかがよく理解できずになかなか苦戦することもありますが、最初の1カ月でそのあたりの概念を理解できていれば、「なぜその操作が必要なのか」が腹落ちしやすくなります。

3カ月目に入る頃には簡単な予測モデルやクラスタリングの手法を試してみます。ここもやはり目的をしっかりと理解することが重要で、予測モデルやクラスタリングを行うことによって、実際のビジネスの現場において何が実現できるのかをイメージをしながら作業することを常に意識づけします。3カ月を過ぎる頃には現場で必要な手法については一通り学んでいる状態になっているはずです。

問題解決思考とロジカルシンキング

データ分析を実施する上で重要なのは、本書で紹介している5Dフレームワークです。このフレームワークの5つのステップを1つでも踏み外してしまうとうまくいきませんので、まず目的を定め（Demand）、全体をデザインし（Design）、データを集め（Data）、分析を行い（Develop）、展開する（Deploy）というステップを順序立てて考えるようにしましょう。

さて、社会人として、問題解決思考とロジカルシンキングは必須のスキルではあるものの、書籍などを読んでもいまひとつ理解できず、実践では使いこなせないといった方は実は多いと思われます。そのような方は、ぜひ分析ツールを使って様々な切り口でデータをいじり、加工・集計することをお勧めします。そうすれば、自然に問題解決思考やロジカルシンキングを身につけられるのです。

Ｔａｂｌｅａｕのような可視化ツールを用いると、問題発見・解決に必要な考え方の「Ｗｈｅｒｅ（どこが）」「Ｗｈｙ（なぜ）」「Ｈｏｗ（どのように）」の中で、特に「Ｗｈｅｒｅ」と「Ｗｈｙ」を身に付けることが可能です。「Ｗｈｅｒｅ」について言うと、データをじっと眺めているだけではよほどの天才でもない限り、新しいインサイトは浮かんでくることはないでしょうが、「どこに問題があるのだろう?」「この商品カテゴリーかな?」などと考えた仮説を、実際のデータを用いて操作するとすぐに検証できます。

また、解析対象とするのはこのデータセットだけでいいのか、他のカテゴリーも含めなくていいのか、属性はこれで十分か、などとＭＥＣＥ（漏れなくダブりなく）といった思考も自然と行うことになります。問題解決思考のフレームワークは、数多くのケースにおいてＭＥＣＥに分解していく経験をしなければなかなか身に付けられません。表計算ソフトなどを用いてももちろん可能ですが、何パターンも試行プロセスを繰り返していく場合には、やはり専用の可視化ツールの方がはるかに早く実現できます。机上でシミュレーションに長い時間をかけるくらいなら、ざっくりと仮説を作りさっさと実データを用いてトライ＆エラーで実践した方が、はるかに生産性が高いのです。

Ｗｈｅｒｅで問題や課題部分を特定する

例を示しましょう。マーケティング部門から「ある商品の売上が急に落ちたので分析してほしい」という依頼があったとします。こういう場合、マクロなポイントから3C分析で市場や競合の動きをまず見て、自社の商品の売れ行きを見ます。市場や競合に問題がなければ、問題を切り分けていきます。その商品は平日に売上が下がるのか、休日に売上が下がるのか、全国的なのか地域的に偏りがあるのか、全年代・性別で売上が下がっているのか特定の年代や性別なのか、カテゴリー全体なのかその商品だけなのか、などの分析はＢＩツールを用いることによって、いとも簡単に実現できてしまうのです。こうして、「Ｗｈｅｒｅ（どこが問題なのか）」を特定します。

ＢＩツールが登場する前は、Ｅｘｃｅｌでデータを解釈し、分析結果をまとめる作業に時間を要していましたが、Ｔａｂｌｅａｕなどの登場によって大幅にその作業時間は短縮され、ロジカルシンキングのこつさえ理解してしまえば、誰もが簡単にできるようになりました。

Ｗｈｙでドリルダウンして問題の原因を深堀する

Ｗｈｅｒｅで見つかった怪しい箇所を、「なぜ」を繰り返しながら問題発生の原因を究明します。これが「Ｗｈｙ分析」です。例えばＷｈｅｒｅ分析によって、30代女性の平日夜の売上が下がっていることが分かったとします。これをWhy分析によって掘り下げた例を示します。

属性でなぜを掘り下げてみると、専業主婦の来店は変化がないものの、働いている人の来店が落ちていることが分かり、ID－POSデータで掘り下げてみると、平日の昼間と休日の同商品の売上が若干上がっていること、それを購入している層が20代、30代の働いている女性だと分かりました。対象世代のアンケートのキーワードを可視化してみると、「在宅ワーク」「増加」「まとめ買い」などライフスタイルが大きく変化したことを示唆する言葉が並んでいることから、原因が見えてきました（さらにあと2段階くらい掘り下げることをお勧めします）。

Whyを掘り下げていくときに注意しなければならないのは、ドメイン知識がある部分に偏って掘り下げてしまうことです。偏らないようにするには、様々な思考のフレームワークが有効です。特別なものを覚えて使うのではなく、世間で言われているありふれたもので構いません。例えば、PEST（Politics：政治、Economic：経済、Social：社会、Technology：技術）分析によって、大きな外部環境変化のトリガーとなっているものはないか、3C（Customer：顧客、Company：自社、Competitor：競合）分析によって、競合が実施している戦略の分析や顧客のニーズは変化していないかどうか、商品全体のバリューチェーン上に何か顧客満足度を低下させる要因はなかったのか、などです。課題を掘り下げる際、自社のデータのみで単純に分かることなどは限られていますので、外部の公開情報や有償の調査データを積極的に手に入れましょう。

Howで原因に対する打ち手を考える

ここまで掘り下げていけば、戦略の打ち手を考えることが容易になってきます。これが「How分析」です。データ分析チームが打ち手の提案まで求められているのであれば、文系分析メンバーのドメイン知識をフル活用できます。現場で培ってきた経験にデータ分析結果をプラスしたマーケティングのインサイトを提示してあげましょう。その際、より効果的に理解してもらうために、プレゼンテーション力やコミュニケーション力の向上は欠かせません。どんなに良い分析内容であっても、どんなにロジックがしっかりしていても、相手に伝わらなければ全く意味がありません。プレゼンテーションにしてもコミュニケーションにしても、1つの型をロールプレイングや実戦によって徹底的に繰り返し練習します。型をしっかり自分のものにできれば、どんな場面であっても自分のペースで伝えることができます。

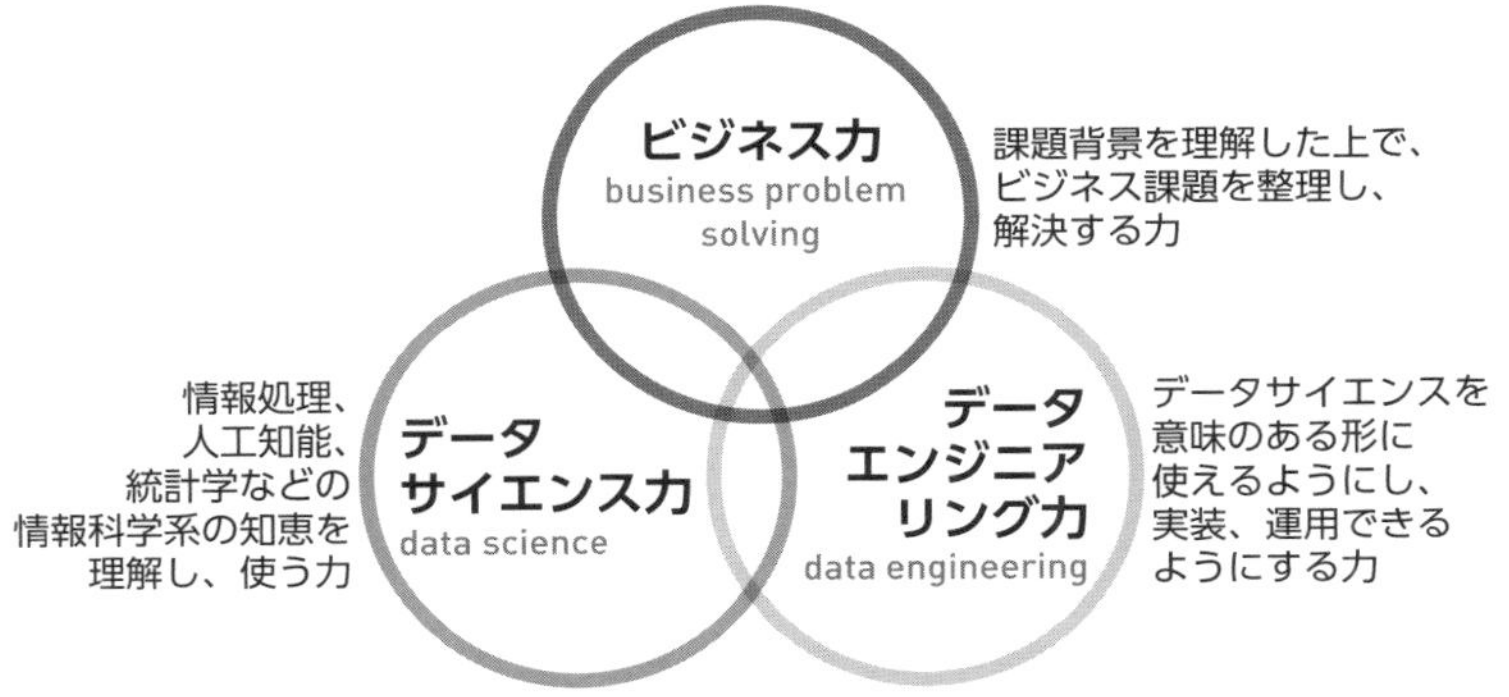
ビジネス力
business problem solving
課題背景を理解した上で、ビジネス課題を整理し、解決する力
データサイエンス力
data science
情報処理、人工知能、統計学などの情報科学系の知恵を理解し、使う力
データエンジニアリング力
data engineering
データサイエンスを意味のある形に使えるようにし、実装、運用できるようにする力

図表３－３　データサイエンティスト協会が定義する３つの能力

ちょっと領域を超えれば多くの課題を解決できる

データサイエンティスト協会は、「データサイエンティストにとって必要な３つの能力」を定義しています。それは、「ビジネス力」「データサイエンス力」「データエンジニアリング力」です（図表3−3）。

ただ、これら３つを兼ね備えているスーパーパーソンには早々お目にかかれません。「データサイエンス力」×「データエンジニアリング力」といった組み合わせでは比較的いますが、「ビジネス力」はやはり現場で泥臭い仕事の経験などから得たドメイン知識や人間関係などが効いてきますので、なかなか身に付けるのは難しいようです。

そういった意味では、業務経験の豊富な文系社員はドメイン知識や人間関係は持っているので、ビジネス力の基礎はしっかりと身に付いているはずで

ビジネス	・各業界のドメイン理解やマーケティング知識 ・ビジネス課題の整理、データ分析による解決仮説立案 ・保険業務の基礎知識、社内外のコミュニケーション力
データサイエンス	・数理統計、情報処理、人工知能等情報科学系の知識 ・適切な分析手法やアルゴリズムの採択、活用 ・分析手法に関する最新動向の把握、業務への適用
データ エンジニアリング	・データベースへのアクセス、データの整備、運用 ・**プログラミングやツール活用**による分析、モデル実装 ・大量データの可視化、集計レポーティング

図表３－４　三井住友海上での定義

す。戦略思考やプレゼンテーション力を加えてビジネス力を強化し、分析ツールを用いてデータサイエンス力とデータエンジニアリング力をちょっとだけ身に付ければ、データ分析において十分な戦力になるのです。

ちなみに私たちが所属している三井住友海上では、データサイエンティスト協会の３つの能力をそれぞれ**図表３-４**のように定義しています。ビジネスにおけるドメイン知識やコミュニケーション力が必要で、分析についてはＰｙｔｈｏｎなどのプログラミングは学ぶものの、ＩＢＭ ＳＰＳＳ ＭｏｄｅｌｅｒやＴａｂｌｅａｕなどのツール活用も積極的に推奨しています。

3-2-4 データ分析レベルを向上させる「Develop」

データハンドリングの方法やビジネス力の底上げなどを実施すれば、文系であったとしても一定の分析レベルに上げることはそんなに難しいことではありません。たださらに一歩先のレベルに進んでいくには、どうしても社内のリソースだけでは壁にぶち当たることがあります。

分からないときにすぐに聞ける体制

その場合は、予算にある程度の余裕があれば、外部分析会社の社員に一定期間常駐してもらうという方法が有効です。データ分析を専業にしているコンサルティング会社では、派遣される人のレベル感にもよりますが約100万円～／月程度で依頼可能です。3カ月程度常駐してもらい、つきっきりで分からないときにすぐに質問できる体制をつくれば、各メンバーのデータ分析に関する知見とノウハウの引き出しを増やしていくことができます。分析会社にもよりますが、基本的にPythonやRを使用するデータサイエンティストで構成されている場合、IBM SPSS ModelerのようなGUIツールなどのサポートはできないことがありますので事前の確認が必要です。

データ分析者としてのキャリアを歩み始めたばかりの頃、ツールの操作や適切な分析手法などの検討がつかず、インターネットで調べてもツールのサポートデスクに聞いても分からず途方にくれるというケースが多々あります。そのようなときに常駐する専門家スタッフがいると、いつでも分からないことを聞けますので、組織としてスタートし始めの時期は、大変心強い存在となります。

データ分析の学びに失敗はつきもの

データ分析人材を育成する際に注意すべき点は、「心理的安全性の担保」です。会社としてはそれなりの時間とコストをかけて育成を実施しているため、担当する管理職としては一刻も早く育ってほしいと思う気持ちは理解できます。しかし、それがプレッシャーとなって、失敗を恐れる空気ができてしまうと育成メンバーの成長スピードは急速に落ちてしまいます。データ分析を学ぶ上で、失敗はつきものであるため、トライ&エラーによって人は成長することを認識しておく必要があります。

そのような意味でも、「分からない」点をすぐに聞ける体制は効果的です。その他、間違ったことを言っても批判されず、むしろワイガヤの雰囲気がチーム内に醸成されるよう、管理監督者は注力すべきです。

『失敗の本質』という本の著者である野中郁次郎先生が提唱されているSECIモデルを単純化して応用することも有効です。SECIモデルとは以下のようなもので、これらのプロセスを絶え間なく続けることで、新たな知識が生産されるという概念です。

■共同化（Socialization）：共体験などによって、暗黙知を獲得・伝達するプロセス
■表出化（Externalization）：得られた暗黙知を共有できるよう形式知に変換するプロセス
■連結化（Combination）：形式知同士を組み合わせて新たな形式知を創造するプロセス
■内面化（Internalization）：利用可能となった形式知を基に、個人が実践を行い、その知識を体得するプロセス

初期の段階では、1人が得た新しい知見や失敗例を抱え込まずに、常にオープンに共有し続け、暗黙知を形式知化していきます。お勧めは、たとえオフィスがフリーアドレス制であっても最初の数カ月程度はすぐ近くの場所に座るなど、物理的な距離を近づけることです。まずは何でも気軽に話せる関係性を構築することが大事です。それには雑談が有効です。いまだこの令和の世の中においても、仕事中の雑談を禁止するような昭和な感性の管理職の方もいるようですが、適度な雑談はメンバー間の壁を無くし、コミュニケーションを円滑にしま

す。コロナ禍でリモートワークの増加に伴い、社員同士の対面でのコミュニケーションは減少傾向にありますが、そのような状況下だからこそ、コミュニケーション量を増やす工夫を行い、なんでも気軽に相談できる関係性の構築を目指しましょう。

やってはいけない育成方法

文系データ分析人材を育成する上で焦りは禁物です。それ以外にも以下のような点に注意すべきです。

(1) 分析手段をプログラミングに限定する

PythonやRなどが無料だからと有償のツール購入に否定的な上司がいると、せっかくの金の卵をみすみす逃してしまうかもしれません。プログラミングが苦手であったとしても、ツールを使えば自由自在にデータを操れる人材が埋もれているかもしれません。また、Tableau Serverなど、メンバー間共有を前提としたツールを上手に活用することによって、エンジニア力がないメンバーへも効率的にナレッジ共有ができます。

(2)「何回同じことを聞くんだ」と言ってしまう

分からないことがあれば何回でも同じことを聞いて構わない、というスタンスの方がむしろ生産性は向上します。むしろ分からない状態のまま問題を放置されてしまうことの方がはるかに悪い結果をもたらします。よく「詰める」行為を部下の育成や指導と勘違いしている管理職の方がいますが、詰められることを恐れると、部下がコミュニケーション量を減らすので、全く生産的ではありません。

(3) いきなり高度なレベルを求めない

分析レベルを上げていくには高度な数学的知識が必要となる局面が出てくるかもしれませんし、時には統計知識が足りないために課題が解決できないことがあるかもしれません。それらもトライ&エラーを許容しながらじっくり成長を待つという心構えが重要です。

3-2-5 分析結果が社内で使われるようにする「Deploy」

他部署を巻き込むビジネス力

文系人材でかつデータ分析が未経験であったとしても、3カ月程度あれば、ある程度のデータ分析はできるようになります。データ分析人材として重要なことは、「データ分析」だけでなく「ビジネス力」も身に付けることです。「ビジネス力」とは現場の声を機敏に感じ取り、そして現場を巻き込み、データ分析のアウトプットを実行する力です。

私が文系人材をデータ分析人材に育成したとき、継続的に実施していたのは問題発見・解決・マーケティングのフレームワークやプレゼンテーション力、そしてコミュニケーション力の強化です。他部署から異動してきた文系人材は、既に前の部門で十分に人間関係は築けていたため、現場社員とは密なコミュニケーションがとれる関係性ではありましたが、データ分析のアウトプットによって現場を動かせるか、というとまだそこまでには至っていませんでした。

現場の文系人材を抜てきする際に注意したいのが、現場の中で先輩後輩の上下関係が出来上がっているケースで、旧部署に先輩が多数存在する場合、なめられたり、臆してしまったりして主張が受け入れられないということが起こるのです。

データ分析チームに所属したからには、先輩後輩という枠を超えて、相手に納得してもらい施策を実行してもらう工夫が必要です。長く会社に在籍している人の特徴として「自分たちのビジネスは特殊だから」「一般的なビジネスと違うから」と言って、新たな知見を提案することに激しい拒否反応を示すケースがしばしば見受けられます。またそもそも分析から一連のマーケティング戦略までも外部企業に丸投げしていて自分たちで脳みそに汗をかいた経験がないと、「自分たちで考えない」という壁ができています。そうした壁を突破するには、感情で相手を動かすプレゼンテーション力やコミュニケーション力が必要で、その裏にはしっかりとしたファクトに裏打ちされたフレームワークによるロジックづくりが必要不可欠です。

フレームワークを使いこなせるようになる

問題解決能力やマーケティングのフレームワークなどは、書籍を1冊読む程度ではなかなか身に付くものではありません。プレゼンテーション力やコミュニケーション力も同様です。お勧めは、あれもこれもと手を広げず、1つのフレームワークを徹底的に使いこんで、実践で効果が出ることを経験するのです。

例えば、マーケティング戦略であれば著名コンサルタントの佐藤義典さんが提唱している「戦略BASiCS」というフレームワークがとても理解しやすいです。次に示すようにシンプルな概念なのですが、競争戦略や顧客思考など実は様々な要素がミックスされた応用しやすいフレームワークです。私も人材育成の際、まずはこの概念をしっかりと頭に叩き込むように繰り返し繰り返し説明しています。

B（Battlefield）：どの戦場か

A（Asset）：強みを生かす資産は何か
S（Strength）：強みは何か
C（Customer）：顧客は誰か
S（Selling Message）：強みと資産を生かした顧客に響くメッセージ

マーケティング的なアウトプットを説明する際にも、BASiCSフレームワークを用いた説明は有用です。例えば、ある健康系商品のターゲット層が明確になった場合、BASiCSを用いると次のように説明できます。

B：足腰の強化戦場
A：ブランド力に反応する傾向
S：アンケート結果では膝の負担軽減を評価
C：比較的豊かな都心の団塊の世代
S：若々しいという言葉に反応する傾向

ペルソナまでイメージするなら、TPO（Time・Place・Occasion）の観点で考えると分かりやすく、施策に落とし込む上で有効です。例えば、一般的な購買データであったとしても、いつ（朝・昼・晩など）、どこで（店舗、オンライン、特定の売り場など）、どのような場面で（冠婚葬祭、卒入学、転職活動など）の観点でデータを切っていくと、商品に対して顧客が何を求めているかが明確になります。TPOというフレーム自体はごくありふれたものですが、シンプルであるが故に汎用性が高く他部門や経営層への説明が容易です。

「ジョブ理論」を理解する

「顧客を理解する」ことはデータ分析者にとって必要不可欠です。勉強するなら、クレイトン・M・クリステンセン教授の「ジョブ理論」がお薦めです。「ジョブ」とは「特定の状況下で顧客が成し遂げたい進歩」という意味で、端的に説明すると、購買行動というのは、「社会的」「機能的」「感情的」のいずれかの課題（ジョブ）を片付けるために「商品」を「雇う」（＝買う）ということです。マーケティングにおける極めて本質的な部分ですが、このジョブ理論を理解してデータ分析を行うことで、「この顧客は一体何を求めて商品を購入したのだろうか」という意識を強く持てるようになります。例えば、TPOやWhere分析によって課題が見つかったとき、「なぜ」を掘り下げていきますが、その時にジョブ理論で顧客を捉えていくとより顧客のペルソナが立体的に浮かび上がってきて、他部門に対して説得力ある説明が可能です。

データ分析担当になって間もない場合は、自分自身の型が定まっていませんので、まずは既存のマーケティングフレームワークなどを活用し、徹底的に使い倒して自分のものにする努力が有効です。フレームワークを身に付けることは頭の中のOSをアップグレードしていくようなものです。チームの全員がフレームワークを共通言語化していると、チーム全体の思考レベルが上がっていきます。データ分析チームを率いる立場として、分析手法の中身を知っていることは確かにプラスにはなりますが、必須ではありません。むしろ、このように分析メンバーから出された分析のアウトプットがきちんとフレームワークに沿った説得力のあるものかどうかをチェックし、助言できるかどうかが重要です。

アウトプットは使われてなんぼ

分析結果が現場で使われないと、全く意味がありません。データ分析チームをマネジメントする立場としては、自らデータ活用を阻害する壁となっている部分を発見し、取り除いていかねばなりません。例えば、データ分析メンバーと相対しているマーケティング担当部署やCRMの担当部署の担当者によっては、そもそもマーケティング戦略などの知識が不足していたり、データ自体の理解が人一倍苦手な人がいたりします。

そういう状況にいるなら、マーケティングフレームワーク系の勉強会を当該部署向けに開催し、事前に当該部署のマネジメント層に対して個別に理解を得てトップダウンで指示を出してもらうよう依頼するなど、分析メンバーが壁を越えやすいように道を切り開いてあげる姿勢が大切です。結果として、分析結果が現場で使われるようになると、分析チームメンバーにとっての自信につながり、マネジメントへの信頼につながり、チームとして好循環が生まれてきます。

3-3 文系データ分析人材の育成の留意点

文系データ分析人材に向いているタイプ

ここまで文系をデータ分析人材に育成する方法を述べてきました。たとえ文系であったとしても、きちんとしたステップを踏み、環境を整備すれば、データ分析人材になれることがご理解いただけたかと思います。もちろん、ここで述べているデータ分析人材とは業務で求められている必要最低限のビジネス力やサイエンス力、エンジニアリング力をカバーするという意味なので、高度なアルゴリズム開発やITアーキテクト系のスキルなどは対象外です。そうした人材が必要なら、専門人材を採用するなど、別の方法で手当します。

社内に数多くいる文系社員の中で、どのようなタイプがデータ分析業務に向いているでしょうか。これは経験から得たことですが、大きく成長した人の性質をまとめると以下のような人です。

・ビジネスに課題意識を持つ

・向上心があり自発的に勉強する
・周囲とコミュニケーションがとれる
・柔軟な思考を持っている
・素直でまじめにコツコツできる

はっきり言ってしまえば、いずれもビジネスパーソンとして当然備えているべき能力で、取り立てて特別な能力ではありません。つまり、右記の力を最低限備えているごく普通の人材であれば、誰でもデータ分析人材になれる可能性があるということです。

文系データ分析人材の価値

要はきちんとステップを踏んで、本気で会社が人材育成に取り組めば、文系をデータ分析人材に育成できるのです。むしろ大事なことは育成した後にあります。

ある程度のデータ分析スキルを身に付けた文系人材の市場ニーズは大変強く、転職市場での価値も急速に高まります。しかし、所属している企業での評価は従来通りのままで、社員が必死でスキルを身に付けても、昇給などに適切に反映されなければ、だんだんと不満が高まり結果として転職してしまうケースが多くあります。

近年大企業を中心として「ジョブ型雇用」など年功序列型とは異なる賃金体系を打ち出す企業も増えてきています。たとえ業務上の必要性に応じてデータ分析スキルを身に付けたとしても、そのスキルと市場価値に応じて柔軟に報酬体系を改善して社員に報いる形にしないと、せっかく育成した時間とコストが水の泡になってしまいます。

3-4 文系データ分析人材が育てば企業文化が変わる

データ分析者と現場のギャップ

データ分析者と現場担当者の間には、**図表3-5**のようなギャップが常に発生する可能性があります。分析担当者は「せっかくモデルを作ったのに現場が有効活用してくれない」「全然データのことを理解していない」と不満に思い、一方で現場担当者は「現場で使えるデータ分析結果が出てこない」「現場のことを分かっていない」とこちらも不満に思っているようなケースです。

文系データ分析人材が育つことで個別の部署単位では対処できたとしても、企業全体でこうしたギャップを解消するには、企業のカルチャーを変えていく必要があります。企業には設備や建物などのハード資産の他、文化や考え、雰囲気、歴史などのソフト資産があります。ソフト資産の1つである企業カルチャーは長年その企業の歴史の中で積み重ねられてきたものであり、一朝一夕に変えられものではありません。粘り強く徐々に変えていくしかありません。

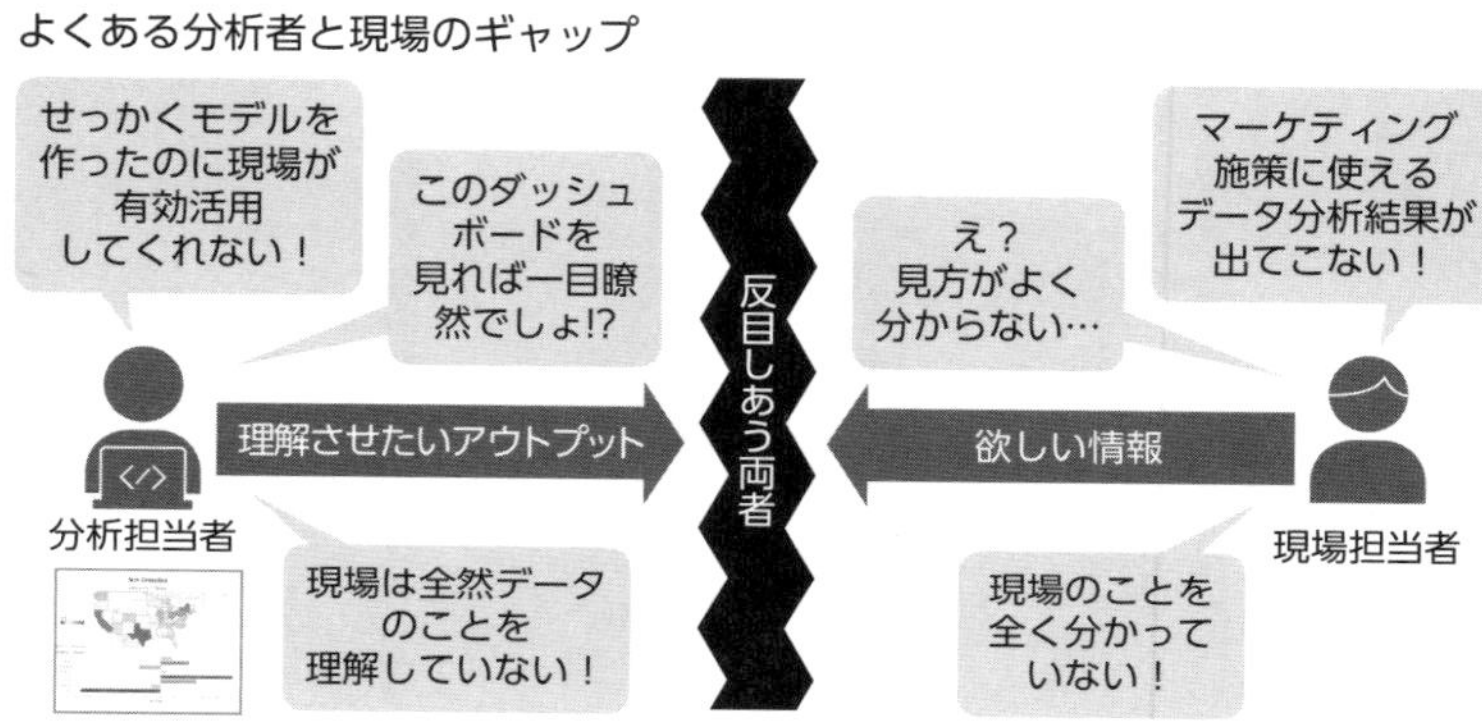
よくある分析者と現場のギャップ
せっかくモデルを作ったのに現場が有効活用してくれない！
このダッシュボードを見れば一目瞭然でしょ!?
理解させたいアウトプット
分析担当者
現場は全然データのことを理解していない！
反目しあう両者
マーケティング施策に使えるデータ分析結果が出てこない！
え？見方がよく分からない…
欲しい情報
現場担当者
現場のことを全く分かっていない！

図表３－５　データ分析者と現場担当者のギャップ

近年注目される「ビジネストランスレーター」

企業カルチャーを改革する存在として近年注目されているのが「ビジネストランスレーター」です（**図表3-6**）。図にあるように、分析担当者と現場担当者を埋めるポジションに立って双方の理解を促すのです。

ビジネストランスレーターに求められるスキルセットは、データサイエンティストとまではいかないけれどもデータ分析手法の理解や分析ツールの基本的な操作ができて、業務の経験や実績があって企画などが得意な人です。まるで某ロールプレイングゲームにおける賢者のようです。

大阪大学　延岡健太郎教授が提唱されている「SEDA」という言葉があります。「Science」「Engineering」「Design」「Art」の

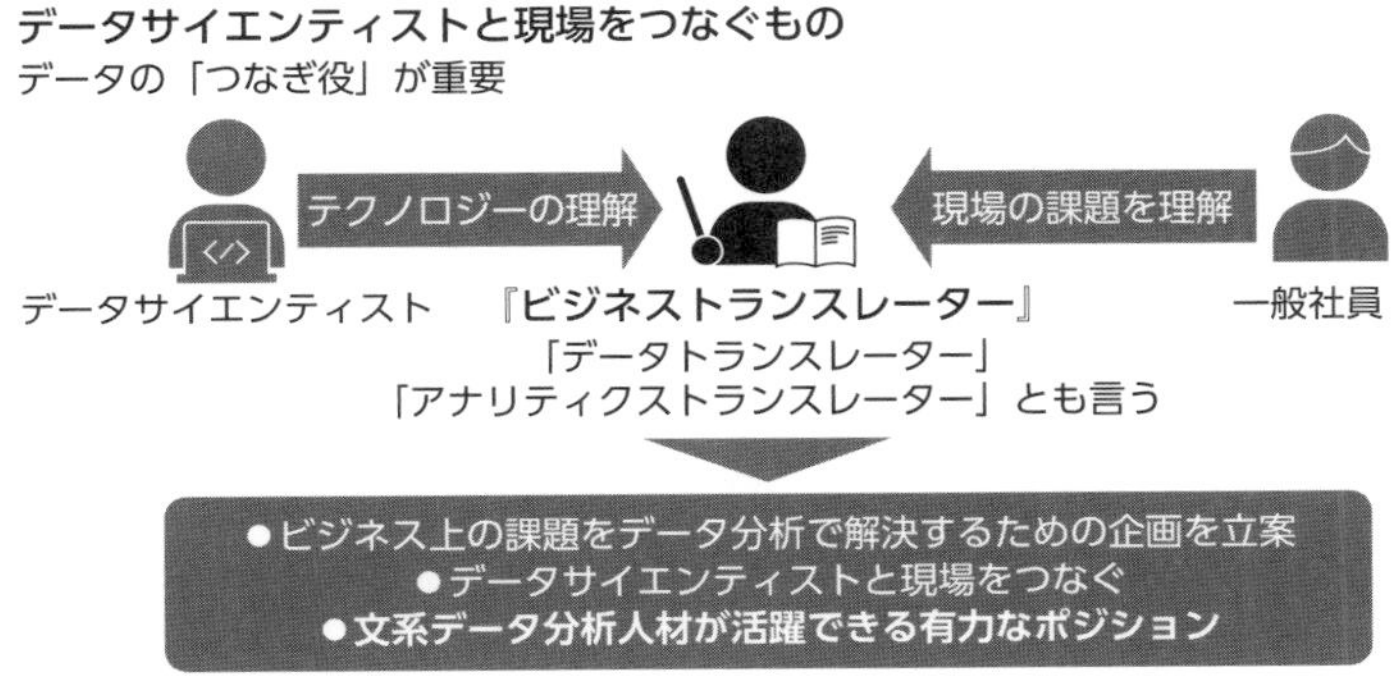
データサイエンティストと現場をつなぐもの
データの「つなぎ役」が重要
テクノロジーの理解
現場の課題を理解
データサイエンティスト
『ビジネストランスレーター』
一般社員
「データトランスレーター」
「アナリティクストランスレーター」とも言う
●ビジネス上の課題をデータ分析で解決するための企画を立案
●データサイエンティストと現場をつなぐ
●文系データ分析人材が活躍できる有力なポジション

図表３－６　ビジネストランスレーター

それぞれの頭文字をとった言葉で、どちらかというと「Ｓ」と「Ｅ」は理系、「Ｄ」と「Ａ」は文系です。近年は両方の要素をバランスよく兼ね備えた「ＳＥＤＡ人材」が重要と言われています。世界ではＳＥＤＡ人材がビジネスの世界をリードしていますが、両方を兼ね備えたビジネストランスレーターはそのイメージに近い存在です。

ＡＩなどのデータ分析テクノロジーがビジネスに浸透していくにつれ、課題として浮かび上がってきたのは効果的な利活用です。ＡＩを導入したが結局使われないで終わってしまうという経験の中から、分析者と現場の間にある溝に橋渡しをしないと分析プロジェクトはうまく進まないことが分かってきたのです。世界的に見れば、今後数百万人単位のビジネストランスレーターが必要になるといわれています。

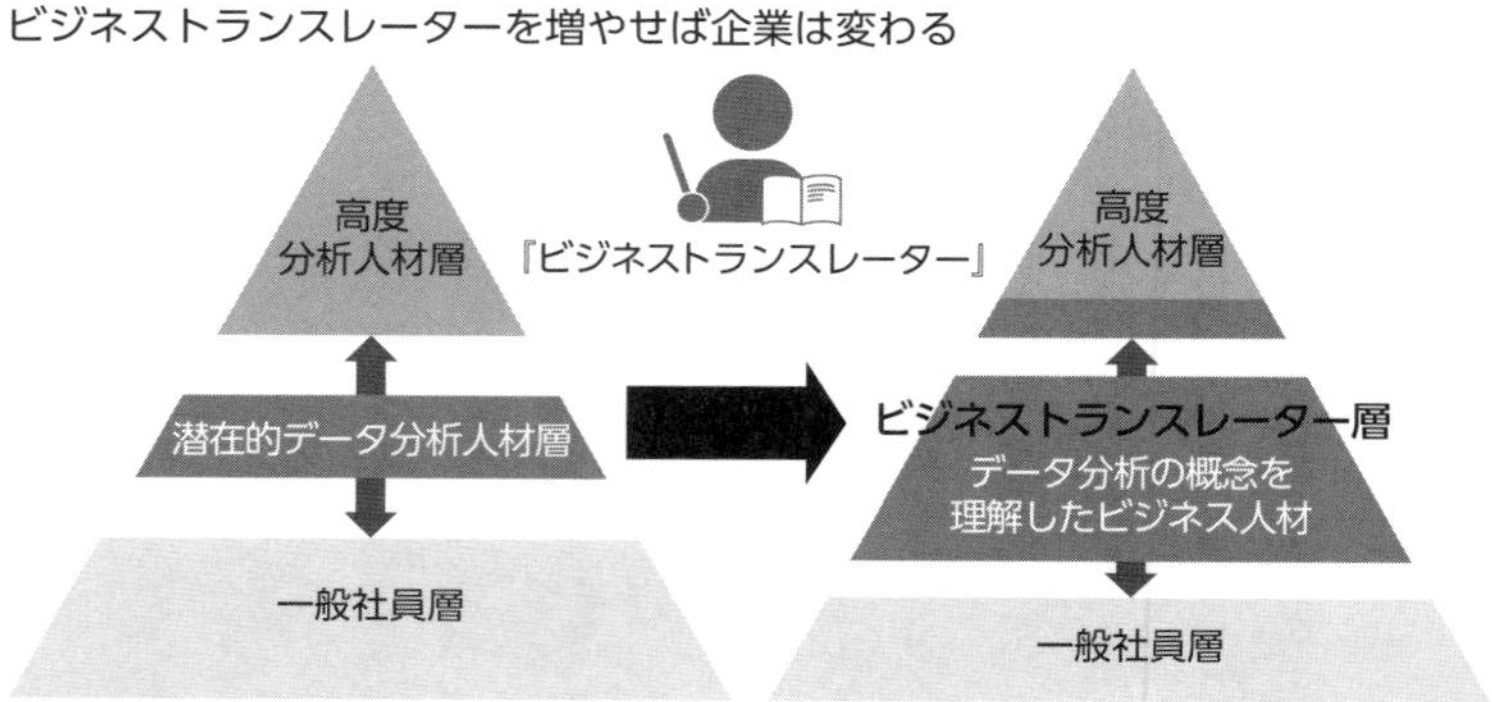

図表3－7　ビジネストランスレーターで企業が変わる

「ある程度のデータ分析スキル」と「現場の経験」というキーワードからピンときた方がいるかもしれません。これまで述べてきた文系データ分析人材の育成とは、ビジネストランスレーターの育成でもあるのです。

文系人材をデータ分析者に育成する際、当然ながら、「自分はデータ分析には向いていないので元の職場に戻りたい」という人が出てきます。「育成コストが無駄になった」と考えるのは不適切で、ある程度のデータ分析知識を身に付けた上で元の職場に戻れば、その部署の「ビジネストランスレーター」として、データ分析プロジェクトのキーパーソンになる可能性があります。ビジネストランスレーターを増やせば企業は大きく変わる可能性があります（**図表3－7**）。

3-5 三井住友海上のデジタライゼーション

いよいよ本書の最後になります。ここまで、文系人材の育成方法について説明し、企業の中に埋もれている潜在的データ分析人材層にリカレント教育を実施し、きちんとした環境整備やアフターフォローを実施すれば、企業変革に必要なビジネストランスレーターのようなデジタル人材が育つと説明してきました。そうした実例として、三井住友海上（以下、当社）が現在強力に推し進めているデジタライゼーションの具体的な内容について紹介します。

3-5-1 損害保険業界を取り巻く現状

自動車事故や火災など、もしものときのリスクに備えて入るのが損害保険です。近年、損害保険業界を取り巻く状況は急激に変化しており、自動運転、5G、ブロックチェーン、F・intechなどの最新テクノロジーに対応しなければならないほか、気候変動によって近年多発する大規模自然災害に対する被害予測、および被災者の方への支援も迅速に行わねばなりません。それらへの取り組みとして、当社では「デジタライゼーション」を進めています。ここで言うデジタライゼーションとは、「デジタル技術によるプロセス・サービスなどの効率化・利便性向上にとどまらず、当社グループのビジネス全体の変革につなげる取り組み」を意味しています。

本書執筆メンバーが所属している当社デジタル戦略部は、まさにデジタライゼーション推進の中心です。ちなみにデジタル戦略部は2018年4月に発足し、これまで主に①RPA（ロボティックプロセスオートメーション）による自動化の推進などの業務プロセス改革、②AIによる代理店支援やビッグデータ分析によるチャネル競争力の高度化、③産学連携や国内外の先進技術を持ったスタートアップ企業との協業による商品・サービスのデジタル対応などを進めてきました。

イメージと違うユニークなデジタライゼーション施策

デジタル戦略部のデータサイエンティストは13人体制（2020年10月現在）で、本書の筆者である私たち4人は全員中途採用です。私たちが入る何年も前からデジタライゼーションは進められていて、外から見た保険会社は「堅そうな」イメージでしたが、「イメージと違うユニークな施策がたくさんなされている」というのが中途社員としての正直な感想です。

例えばＲＰＡは、驚くほどスムーズに「自動化による業務効率化」が現場に浸透していました。それもそのはず、まだＲＰＡという言葉がない10年以上も前からＥｘｃｅｌ ＶＢＡのマクロを用いてブラウザを自動制御する「１クリックツール」という自動化処理のプログラムを独自開発し、活用していたのです。Ｉｎｔｅｒｎｅｔ Ｅｘｐｌｏｒｅｒ上で動作するＷｅｂシステムの操作を自動化するツールが既に３００種類以上あり、当社の社員はそれを当たり前のように活用していたので、ＲＰＡ導入の効果も理解されやすく、自然と受け入れられる土壌が出来上がっていたのでしょう。

本書ではデータ分析者にとって必要なビジネス力にも言及していますが、前述の「１クリックツール」はその意味では大変参考になる事例です。「１クリックツール」はもともと当社の中でＥｘｃｅｌ ＶＢＡがとても得意だったある営業現場の課長が「今まで手作業で行っていたＷｅｂシステムの操作を自動で行えたら、きっと便利に違いない」という強い思いから独自に開発を始め、周囲に展開したところその便利さから瞬く間に社内中に広まり、最終的に全社的なプロジェクトへと発展していきました。

まさにユーザー目線で現場が共通に抱えている課題をきちんと定義し、その課題解決という目的に沿ってデザインし、データ収集・プログラムを開発、そして現場への展開とフィードバックから改善というループをこなしていったことで現場に根付いたのです。普通であれば一部の現場で使われて終わりになるところ、会社全体で後押しして環境をつくったのも大きなポイントです。

3-5-2 三井住友海上の人材育成

デジタライゼーションを推進していく中で、最も大きな課題の1つがデジタル人材の育成です。損害保険会社は「保険数理人（アクチュアリー）」という数学や統計学など理系のスペシャリストがごくわずかにいるものの、大半は文系社員です。普通に考えれば、若手の保険数理人たち（候補生含む）をデータサイエンティストに育成すれば近道に思えますが、当社は本書でここまで述べてきたように文系データ分析人材も重要と捉えています。

文系・理系を問わず大学の短期集中講座で育成

毎年保険数理人候補生の中から数人を選抜し、毎週定例で私たちデータサイエンティストがＰｙｔｈｏｎの基本から高度な機械学習まで実習ベースの講座を開催しています。もちろん業務時間内です。数理統計学の専門家であってもプログラミングは初めての社員も多いため、初歩から始めますが半年くらいもするとデータ分析のコンペティションであるｋａｇｇ

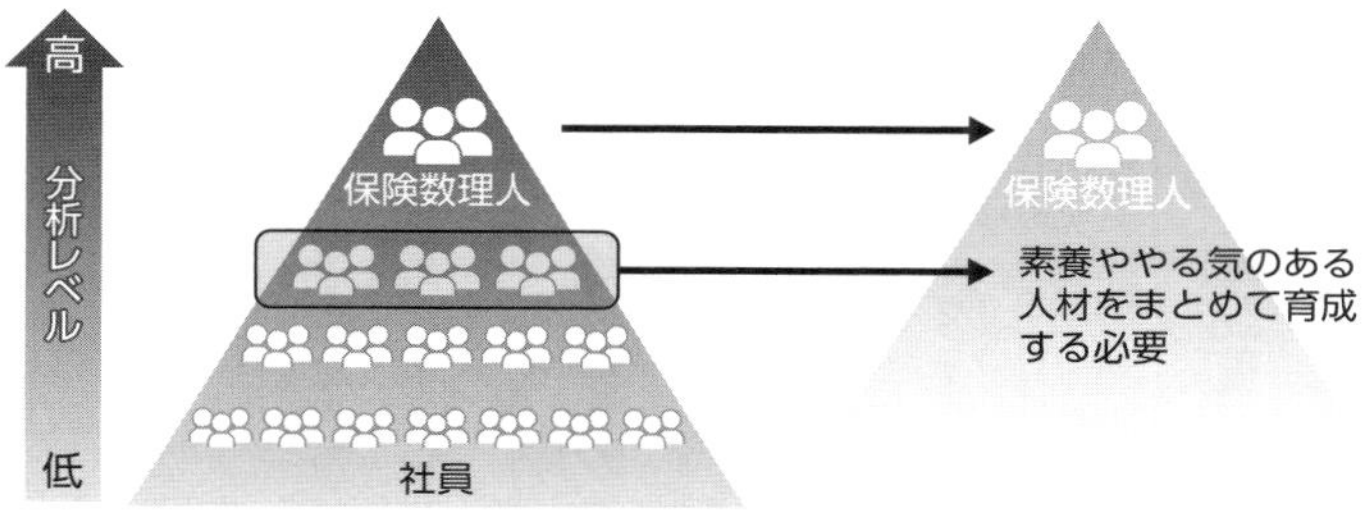

図表3－8　三井住友海上の取り組み

leにも挑戦できるくらいのレベルになっています（**図表3－8**）。

プログラミングやアルゴリズムだけでなく、「ビジネス力」に関する視点についてもかなり力を入れて講義を実施しています。例えば、マーケティング思考の講義などではロールプレイングを通じて顧客視点を身に付けてもらうようにしています。

さらに保険数理人だけでなく、多くの社員の中で文系・理系問わず素養ややる気のある人材に対しても、教育プログラムを用意しています。その中の1つが東洋大学情報連携学部（INIAD）で実施するデータ分析に関する短期集中講座です。レベルに応じて2コース用意しており、「データサイエンティストコース」では、Pythonの実習を通じてデータサイエンスの技術全般の理解や可視化、分類、予測、多変量解析などの手法を学びます。

「ビジネスデザインコース」では、Ｐｙｔｈｏｎもある程度実習で学びつつも、問題解決手法やロジカルシンキング、デジタル技術を活用したビジネスモデルの構築などビジネス力の強化に力点を置いたコースとなっています。

既に受講者は数百人を超え、多くの社員が現場でＰｙｔｈｏｎなどを使い始め、問題解決思考を活用してビジネス課題に取り組んでいます。ＢＩツールＴａｂｌｅａｕの社内ユーザーは増加し続けており、Ｔａｂｌｅａｕユーザー会も社内で発足するなど、ビジネスの現場でデジタライゼーションが着々と進んでいます。

また、新しいテクノロジーを搭載した分析ツールは積極的に導入検討をしており、例えば自動分析ツールで定評あるデータビークル社のｄａｔａＤｉｖｅｒや、ＧＰＵを用いた高速処理技術を持った米国のＫｉｎｅｔｉｃａ社の製品を用いて我々データサイエンティストがＰｏＣを実施しています。

社内トレーニー制度でデータ分析を啓蒙

当社には社内トレーニー制度というものがあります。これは、希望者が自分の所属部署以外の部署で、数日間の業務体験ができる制度です。他の部署が何をしているのかを知る大変よい機会で、私たちが所属するデジタル戦略部は年々応募先として人気になっています。やはり全社的なデジタライゼーション推進の拠点ということで関心が高いようです。私たちデータサイエンティストは研修期間中に半日程度の時間をもらい、データ分析のごく初歩的な概念やTableauを使った当社契約データの可視化方法などを説明しており、このような地道な活動こそが新たなデータ分析人材の種まきになっていると考えています。

データ分析層=ビジネストランスレーターが増加

前節でビジネストランスレーターという新たなポジションについて述べましたが、前述のような全社を挙げたデジタル教育を実施してきた結果、ビジネストランスレーターの要素を持った人材が増加しています。一例ですが、東洋大学で前述の講座を受けた営業現場の課長がエリアマーケティング戦略を検討する必要になり、自らPythonでデータを集計・加工し、さらにエリアマーケティングツールのESRI社が販売しているArcGISを用いて精緻な分析を実施していました。そして、アウトプットはTableauも用いて分りやすくダッシュボードを構築し、社内で展開をしていました。当社ではこのような人材をデータ分析層と定義し、データ分析層が増加することで会社全体にデジタライゼーションが浸透していくと考えています。

3-5-3 三井住友海上のデータサイエンティスト

出身業界はバラバラな専門家集団

デジタル戦略部のデータサイエンティストのメンバーの出身業界はバラバラで、自動車業界、家電、コンサル、通販、製造など、バラエティーに富んでいます。専門分野が異なり、年齢層も30代前半から40代後半まで様々です。損保業界ならではの多種多様なお客様企業に対応できるよう、あえてドメイン知識の異なる人材の採用を積極的に行っています。

データサイエンティスト協会が定義しているデータサイエンティストに必要な3つの能力である「ビジネス力」「データサイエンス力」「データエンジニアリング力」というカテゴリーで分けてみたとき、3つ全部を持ったパーフェクトなデータサイエンティストは世の中あまり多くいません。私たちはチームでこれらの力を補い合い、課題に応じて柔軟に分析チームを組むことで、あらゆる業界の課題に対応しています。専門分野が異なると意見がぶつかることはあまりなく、お互いを尊重するカルチャーが醸成されています。そのためいつも私たちのデスク周辺は雑談や議論でワイガヤの雰囲気の中で仕事をしており、コロナ禍でリモートワークになっても皆活発にコミュニケーションをとっています。

リスク×テクノロジー＝R・isTech（リステック）

幅広い領域の分析をカバーしている私たちは現在、お客様のあらゆるリスクをテクノロジーによって解決していこうとするリスク×テクノロジーの造語である「R・isTech」をアクセンチュア社と共に推進しています。近年ではフィンテックやインシュアテックなど金融業界に先進テクノロジーを持った企業が次々と参入してきています。私たち損害保険企業も規模が甚大になってきている自然災害などの気候変動リスク、また今回の新型コロナウイルスのように新しい脅威が出現し瞬時に市場環境が変わってしまうリスクなどをR・isTechによってお客様のデータを解析し、少しでもリスクを減らす活動を行っています。

今進めているR・isTechでは、当社が保有している契約データを統計加工して掛け合わせて解析することで予測精度を上げています。火災保険のデータを用いれば細かなエリア単位にどのような場所で自然災害の被害が多く発生するのかが分かりますし、自動車保険のデータを用いればどういう交差点や道路の形状で自動車の交通事故が発生しやすいのかも見えてきています。

図表3-9は、当社の自動車保険を郵便番号単位に統計データ化した一例です。サンプルとしてプリウスなどのエコカーをピックアップし、色やサイズで地域別の車両数を表現してい

図表3－9　三井住友海上の自動車保険を郵便番号単位に統計データ化したマップ

ます。ここからどういう解釈をし、活用していくのかが私たちデータサイエンティストの腕の見せどころですが、例えば「エコや環境に関心がある地域」と捉えたり「節約度」と捉えたり、解釈のパターンはいくつもあります。まだ活用しきれていないデータは膨大に蓄積されていますので、これらの中から人々のリスク低減につながるようなお宝データを発掘していくのも、私たちのやりがいの1つです。

参考図書

２章の参考図書

『論点思考』(東洋経済新報社：内田 和成　著)
『失敗の本質』(ダイヤモンド社：戸部 良一、寺本 義也、鎌田 伸一、杉之尾 孝生、村井 友秀、野中 郁次郎　著)
『仮説思考』(東洋経済新報社；内田 和成　著)
『アート・オブ・プロジェクトマネジメント』(オライリー・ジャパン：Scott Berkun　著)
『マーケティング・エンジニアリング入門』(有斐閣；上田 雅夫、生田目 崇　著)
『マーケティング・メトリクス マーケティング成果の測定方法』(ピアソン桐原；ポール・W・ファリス、ネイル・T・ベンドル、フィリップ・E・ファイファー、ディビッド・J・レイブシュタイン、Paul W. Farris、Neil T. Bendle、Phillip E. Pfeifer、David J. Reibstein　著)
『マーケティングは進化する　クリエイティブなMaket+ingの発想』(同文館出版；水野 誠　著)
『実践 IBM SPSS Modeler』(東京図書；西牧 洋一郎　著)
『Tableauデータ分析～入門から実践まで～　第2版』(秀和システム；小野 泰輔、清水 隆介、前田 周輝、三好 淳一、山口 将央　著)
『データ分析のための数理モデル入門』(ソシム；江崎貴裕　著)
『データ視覚化のデザイン』(SBクリエイティブ；永田 ゆかり　著)

３章の参考図書

『図解 実践マーケティング戦略』(日本能率協会マネジメントセンター；佐藤義典　著)
『問題解決』(英治出版；高田 貴久、岩澤 智之　著)
『ジョブ理論』(ハーパーコリンズ・ジャパン；クレイトン・M・クリステンセン、タディ・ホール、カレン・ディロン、デイビッド・S・ダンカン　著)

あとがき

２０１９年の12月に私（木田）が日経ＢＰより「データサイエンティストジャパン２０２０」の講演依頼をいただき、原稿の準備をしている最中、ＣＯＶＩＤ－19（新型コロナウイルス）の感染が世界に瞬く間に広がり、２０２０年の3月に予定されていた講演は同年6月に延期となりました。その間、私たちが当たり前だと思っていた日常は激変し、オフィスや学校に通うこと、ショッピングモールや百貨店に行くこと、旅行や外食に行くことなど、あらゆる〝普通〟を瞬時に奪い去っていきました。あれだけ多くの外国人観光客があふれていた観光地のインバウンド需要があっという間に無くなりました。

ビジネスの世界においても、すっかり在宅ワークとＷＥＢ会議が定着し、これまで対面が当たり前だった営業活動も大きく様変わりしています。環境の激変とともにデジタライゼーションの波は待ったなしで社会全体を覆いつくそうとし、ビジネスパーソンはその波に乗って泳ぎ切るだけのスキルをアップグレードし、会社全体の生産性を上げて生存競争に勝ち抜いていかねばなりません。

本書の執筆陣は、ＩＴ、通販、コンサル、広告、小売りなど、様々な業界で分析者として経験を積んできました。多くの企業にはとても優秀な社員が多いにもかかわらず、ことデータ分析という点についてはまだ取り組みが十分に進んでおらず、本来のポテンシャルを発揮できていないと常々考えてきました。

このボトルネックになっている部分は、単純にデータ分析人材が不足しているだけなのか、それとも単にその方法が分からないのか、と様々考察した結果、実はデータを活用しきれていない多くの企業できちんとした分析の手順を踏んでおらず、既存の人材を十分活用しきれていないからではないか、という仮説が浮かびました。

本書の執筆メンバーである木田、伊藤は、もともとは「ど文系」の営業マンですが、それぞれ独学で分析を学び、現在データサイエンティストとして働いています。その実体験から、「方法次第で文系であったとしてもデータ分析者になれる」ことを理解しています。高階はコンサル出身、山田は広告業界出身で多くのクライアントと分析プロジェクトで接してきた経験があります。この４人の経験を併せて１つのフレームワークにし、立ちはだかる巨大な壁を乗り越えるノウハウをまとめたいと考えたのが本書の執筆理由です。

数学やアルゴリズム、統計を知っていてプログラミングができるのが狭義のデータサイエンティストかもしれませんが、再三再四本書で述べてきたようにビジネスで生かせなければ何の意味もありません。すご腕分析者が1人とビジネストランスレーター100人、どちらが会社を変えられるかと言えば、明らかに後者です。

本書を通じて少しでも多くの企業がデータ分析を自社に取り入れ、激変する世の中に立ち向かう武器になることを願ってやみません。

最後に本書執筆にあたって、様々なアドバイスをいただいた日経BP松山様、そしてデータサイエンティストジャパン2020の講演という貴重な場をいただいた日経BP大谷様、飯野様、私のわがままな要望を聞き入れ、「何でも書いて構わない」と許可してくださった上長、いつも温かい雰囲気の職場の同僚、そして土日や夜に執筆するのを温かく見守ってくれた家族に感謝をいたします。

著者プロフィール

木田 浩理

三井住友海上火災保険株式会社 デジタル戦略部 プリンシパルデータサイエンティスト

1979年生まれ。慶應義塾大学総合政策学部／同大学院政策・メディア研究科卒業。NTT東日本・SPSS／日本IBM・アマゾンジャパン・百貨店・通販企業等を経て2018年5月より現職。様々な業界で営業やデータ分析を経験。顧客視点に基づいたCRMやマーケティング分析、データを用いた新規ビジネス開発が専門。

伊藤 豪

三井住友海上火災保険株式会社 デジタル戦略部 プリンシパルデータサイエンティスト

1981年生まれ。早稲田大学商学部卒業。SPSS／日本IBMにて約10年間、ソフトウェア営業とデータ分析についてのコンサルティングを経験。その後通販企業へ転職し、データ分析担当として顧客や市場、広告などの幅広いデータ分析を行うとともに、同社のCRMや商品改善も担当する。2019年から現職。

高階 勇人

三井住友海上火災保険株式会社 デジタル戦略部 シニアデータサイエンティスト

1981年生まれ。2007年早稲田大学大学院文学研究科心理学科を卒業後、構造計画研究所に入社。データ分析についてのコンサルティングを経験。クライアントとして、製造業、通信業、自治体、大学等をはじめ、様々な業界のデータ分析を行う。また、行動経済学などの分野の学会発表なども行う。2018年から現職。

山田 紘史

三井住友海上火災保険株式会社 デジタル戦略部 シニアデータサイエンティスト

1985年生まれ。2010年に中央大学大学院理工学研究科を卒業後、電通イーマーケティングワン（現 電通デジタル）に入社。マーケティング領域のデータを活用した施策効果検証業務に従事。その後、マーケティングコンサルティング会社や、フリーランスのアナリストとしての活動を経て、2019年から現職。

データ分析人材になる。
目指すは「ビジネストランスレーター」

2020年10月19日　第1版第1刷発行
2022年12月27日　　　　第5刷発行

著　　者　木田 浩理、伊藤 豪、高階 勇人、山田 紘史
発 行 者　戸川 尚樹
発　　行　株式会社日経BP
発　　売　株式会社日経BPマーケティング
　　　　　〒105-8308　東京都港区虎ノ門4-3-12
装　　丁　bookwall
制　　作　マップス
編　　集　松山 貴之
印刷・製本　図書印刷

Printed in Japan
ISBN978-4-296-10763-6